ENIGMA 10
双書エニグマ
kaneko hiroshi

金子洋之

DUMMETT

ダメットにたどりつくまで

反実在論とは何か
Dummett and Anti-Realism: How one really gets to it?

keiso shobo

ダメットにたどりつくまで

反実在論とは何か

目次

目次

序論　ダメットの構想

「草原、草原にいる蛙、それらを照らす太陽は、私がそれらを眺めていようといまいと、同じようにそこにある。[1]」こういった主張は、しばしば実在論（少なくとも外的世界についての実在論）の端的な表明だと考えられている。もし反実在論（anti-realism）と呼ばれる立場が、その名称からして、実在論を否定する立場だとすれば、そして、実在論が右のフレーゲの発言によって要約されるとすれば、反実在論とは、この発言を否定するような立場だと考えられるであろう。だが、反実在論がそのように捉えられるとき、それは、せいぜいのところ、旧来の観念論か、もしくは懐疑論の一種だということになりはしないだろうか。

マイケル・ダメット（Michael Dummett）は、観念論に陥るのでもなければ懐疑論に陥るのでもない、そういう反実在論の立場がありうる、ということを長年にわたって主張してきた。さらに彼は、いくつかのケースでは実在論よりも反実在論の方がより整合的な立場であり、われわれはそちらを採用すべきだ、とさえ論じてきた。したがって、観念論や懐疑論ではない以上、この立場においては、蛙や草原の存在が否定されたり、疑われたりするわけではないし、われわれが見ていないときには、それらが存在しなくなると主張されるわけでもない。また、反実在論の立場に立つことによって、われわれのこれまでの実践や世界の見方が完全に覆されるというのでもない。もしそれらが完全に覆されるとすれば、そのような立場はとても整合的とは言えないだろう。けれども、もしそれが事実だとすれば、ダメットの反実在論はいったいどのような立場なのであろうか。それはそもそもどのような意味で実在論に反対する立場なのであろうか。実在論との齟齬はどこであらわになるのだろうか。

ダメットの着想は、実在論と反実在論の間の論争そのものを従来の論争とは違った次元で捉え直す、というところにある。従来の論争、例えば、外的世界の実在をめぐる実在論者と観念論者の間の論争は、先の引用からも明らかなように、外的な事物がどのように存在するのか、その存在の身分をめぐる論争であるように見える。草原や蛙や太陽といったものは、われわれの、それらについての知覚や観念、言語的記述とは独立に存在すると言えるのか、言えないのか。実在論者は、それらは独立に存在すると主張し、実在論を否定する者は、それらは独立に存在するわけではない、と主張する。いささか唐突だが、ダメットは、この論争を、そのような形ではなく、むしろ外的世界についての言明に対してどのような意味論を採用するかの論争だと捉える。つまり、実在論者は外的世界の言明についてある型の意味論（実在論的な意味論と言ってしまおう）を採用し、実在論に反対する者は別の型の意味論（実在論的でない意味論）を採用する。そして、実在論-反実在論論争は[(2)]、これらの対立する意味論のどちらが受け入れられるべきかについて論争という形をとるのだ、とダメットは言う。

だから、ダメットの議論では、最初に実在についての描像があるわけではない。われわれがまず行わなければならないのは、当該の（例えば外的世界についての）言明についてどのような意味論を採用すべきか、意味論の選択に関する議論なのである。実在の描像は、われわれが特定の意味論を採用した結果として示唆されるにすぎないのであって、描像そのものに問題の核心があるわけではない。

だが、そのような意味論の選択に関する議論はそもそも可能なのであろうか。われわれはわれわれの目的に合わせてこの意味論を採用する。彼らは彼らの目的に応じてあちらの意味論を採用する。これでおしまいではないのか。ここにプラグマティックな考察以上のものが働く余地はあるのだろうか。ダメットの答えはもちろんイエスである。つまり、どういう意味論をわれわれは採用すべきかについて議論の場をもつことができる、と彼は言う。そのような議論の場とは、意味の理論（the theory of meaning）と呼ばれる、言語の意味に関する包括的な考察の場にほかならない。

もう少し詳しく説明しよう。いま意味の理論とは言語の意味に関する包括的な考察だと述べたが、こうした考察を進めるにあたってダメットが採用するのは、ある言語の全体についてその意味（その言語における個々の表現や個々の文の意味）を説明する理論、意味理論（a theory of meaning, a meaning theory）を構成するとすれば、それはどのような形のものでなければならないか、その諸条件を考察するといういくらか間接的な手法である。間接的な手法を採らなければならないのは、端的に「意味とは何か」と問うことが実り多いとは思えないからである。さて、このとき、われわれの言語活動には論理的な推論活動が不可欠な部分として含まれていなければならない(3)。それゆえ、そうした推論の妥当性を説明するものとして、上の意味理論には何らかの意味論が組み込まれる必要がある。ただし、組み込まれるべき意味論は何であってもよいというわけではない。最初に、意味理論が満たすべき諸条件を考察したのであるから、組み込まれる意味論はそれらの条件にフィットするようなものでなければならないはずである。では、そのような組み込まれるべき意味論として、実在論者が採用する意味論（実在論的意味論）と反実在論者が採用する意味論とをもってきたとき、どちらが意味理論によりよくフィットするか。こうして、実在論と反実在論との論争は、意味理論に組み込まれるべき意味論としての適格性に関する議論として、まったくその形を変えて論じられることになる。

もちろん、いま述べてきたのはかなり大まかな見取り図である。したがって、そこには多くの飛躍もあれば、これだけでははっきりしない事柄が数多くある。外的な事物の存在に関わる議論が、なぜ外的世界についての言明の話になるのか。ここで言われている意味論とは何か。意味論が実在論的であるとはどういうことか。意味理論とはどのような理論なのか。意味論が意味理論に組み込まれるとはどういうことなのか。そもそも実在論-反実在論の論争を意味の次元の論争として理解することは正当なことなのか。もしそうした読み替えが可能だとして、そう読み替えることの意義は何か。

ダメットの議論は、膨大な反論を巻き起こしてきた。中には単なる誤解としか言えないようなものもあるが、多くの反論は上のような様々な疑問に関わっている。本書では、これらの疑問に可能なかぎりはっきりとした答えを与えることを通して、ダメットの反実在論的な議論の構造と意義を提示したいと思う。ただしそれはそれほど簡単ではない。ダメットは、フレーゲについて大著を三冊[4]、それに加えて数多くの論文を書いているが、本書で問題にしたい事柄の全体を見通しよく論じた一冊の著作があるわけではない。（一九九一年にこれまた大著『形而上学の論理的基礎』が出版されている。これはまさしく実在論-反実在論論争の全体を扱った著作なのだが、過去の経緯をある程度押さえておかないととても読み切れるようなものではない。）これらの論文や著書は、ある面からは互いに関連しているとも言えるが、別の面からは、互いにまったく独立しているとも言えそうである。互いに関連していると言えるのは、どの論文も上で概略した議論のどこか一部を扱っているという意味であり、互いに独立していると言えるのは、それら相互の関わりをどうつけるかがかなりの程度読み手の側にまかされているからである。

このことは、ダメットの書くものがはっきりしないとか、わかりにくいという意味ではない。彼の書くものはどれも密度が高く、読み手を引き込むような力をもっている。さらに、論敵の議論を相手以上に自分から洗練させて行き、その上で反駁するというやり方は見事と言うしかない（その実際のやり口は、さっそく第一章の最初の節で見てみたいと思う）。しかし、問題は、彼の論文・著書が半世紀にわたって書かれてきた上に、膨大であり、互いに他を補い合う論文同士の関係をつかむことが難しい点にある。ダメットに対する多くの的外れな反論もこの点に原因があるように思われる(5)。

私の見るところ、こうした問題点を回避し、彼の議論の構造を明確にするための一つの手段は、彼の依って立つ背景をきちんと押さえることだと思う。具体的には、フレーゲと（数学的）直観主義である。ダメットは、最初期の論文「真理」の最後の方で、自分がこの論文で行ってきたのは直観主義者が数学的言明に対して行ってきたことを日常の言明に移し替えることであった、という趣旨のことを述べている。けれども、ダメットはそこで単純な移し替えをやっているのではない。その前段階として、直観主義の創始者、ブラウワーのいかにも観念論的な哲学を、もっと健全な議論へと仕立て直さなくてはならなかったのである。彼はそれを、フレーゲに依拠しながら、意味に関する次元の議論として行っている。ここがすべての始まりである。だから、ダメットの議論を再構成するには、直観主義について彼がどう言っているかを見ることが欠かせない。第二に、ダメットは、実在論–反実在論論争を意味の次元での論争に移行させることによって、言語から存在へ、あるいは意味の理論から存在論へという、二十世紀初頭の分析哲学にかいま見られる理念の実現をもくろんでいる。そしてこの理念の達成に向けて最も重要な貢献をなしたのが、ダメットが解釈するところのフレーゲにほかならない。この点におけるフレーゲの貢献の評価なしには、ダメットの反実在論そのものの意義を理解することがむずかしくなってしまうであろう。したがって、フレーゲと直観主義こそがダメットの考察を支える二本の柱であり、本書の議論もそこから始まることになる。(6)

第一章　背景としてのフレーゲ哲学

一見すると、ダメットは、反実在論と呼ばれる立場が単にありうる一つの立場だと主張しているというよりも、反実在論こそが唯一維持可能な立場だと主張しているように見える。つまり、ダメット自身が反実在論者であるかのように見える。たしかに、初期の論文では、反実在論の立場が、あるいは二値原理を捨てて、直観主義論理を採用することが、われわれに残された唯一の、斉合的な選択肢であるかのような議論を行っている。そのような議論を見れば、誰もがダメットを反実在論者だと認定するであろう。しかし、その後、彼のそうした主張は徐々に影を潜め、もう少しどっちつかずの発言をするか、あるいはDummett［1993］のように、「私の元々の意図は、実在論をめぐる論争の比較研究という形で、「リサーチ・プログラム」と呼ばれるものを促すことであった」[1]といった発言へと後退していく。私としては、ダメットにはバリバリの反実在論者であってほしいという期待がないわけではない。だから、ダメットのこの変化をいささか残念な気分で見ているのだが、重要なのは、発言の変化の理由である。実際、こうした変化とともに、何が実在論であるか、何が反実在論であるか、ということに関して議論がどんどん錯綜するようになってくる。それは、同じく「実在論」と名づけられた二つの論文 Dummett［1963b］と Dummett［1982］とを比べてみればただちに明らかである。ページ数だけ見ても、前者は、二〇ページなのに対し、後者は四六ページある。この理由は何だろうか。

だいたいにおいて、いろいろな批判を受ければ、それに伴って、論文は難解かつ長尺になってゆくものである。けれども、このダメットの変化には一つの重要な背景がある。それは、実在論と反実在論とが互いに交差しないわけではないということ、言い換えれば、実在論に属すると考えられる立場が、別の観点からは反実在論的な立場とみなされるようなケースがありうる、ということがはっきりと認識されるようになってきたからである。それに伴って、何が実在論で、何が反実在論であるかは、ストレートに記述できるような事柄ではなくなってしまった。そして、そのようなケースの代表例は、ダメットが解釈するところのフレーゲのプラトニズムにほかならない。本章では、まず、このフレーゲのプラトニズムを取り上げ、それがどうして実在論的であるとともに反実在論的でもあるのかを検討してみたい。そのついでと言っては何だが、それと同時に、ダメットの反実在論がフレーゲからどのようなアイデアを受け継いでいるかをここで確認しておくことにする。

1　プラトニズム

フレーゲのプラトニズムがどういうものかを検討するのに先立って、まず、プラトニズムが一般にどういう立場なのかを見ておこう。

プラトニズムは、数や集合、あるいは「正義」のような抽象的な観念、さらには「阪神タイガース」のような名前で表されるチームや組織のようなもの、そういった、具体的な事物とは異なるものを独立の存在者として認めるような立場である。(2) 例えば、数学におけるプラトニストとは、数や集合や関数、構造といったものが（われわれの思考や認識とは独立に）「存在する」と主張する人々のことである。しかし、問題は、ここで言う「存在する」がどのような意味での「存在」なのか、であろう。もちろん、ここで数や集合と言われているのは、具体的な数字や集合を表す記号のことではない。(3) けれども、もしそうだとすれば、ここでの「存在」は、通常、われわれが「何かが存在する」というときの「存在」とは違った形で考えられなければならないように思われる。というのも、存在するものは、通常は何らかの形で感覚—知覚経験との結びつきをもつのに対して、数や集合とわれわれとの間にそうした因果的な結びつきは一切ないからである。では、プラトニストたちは、どういう意味で抽象的なものが存在すると主張しているのであろうか。

しかし、このように、プラトニズムをその存在論的主張の側から見ることは、この立場が実に多くの人々を引きつけてきた、その主要な理由を見落とすことになりかねない、とダメットは言う。[4] 実際、プラトニズムがただ単に抽象的対象の実在性を主張するだけならば、それは一つの哲学的立場とすら言えないであろう。そして、そのような抽象的対象がわれわれとの因果的な結びつきを一切もたないとすれば、たちどころに認識的な困難が生ずることも明らかである。誰がいったいこのような、あからさまに誤っているように見える「主義」を主張するであろうか。

以下、しばらくの間ダメットに従って、数学におけるプラトニズムがいかに説得力をもちうるのか、を考えてみよう。ダメットは、プラトニズムの魅力を理解するにあたっては、議論を、物理的な世界における観察とのアナロジーから始めるのがよい、と主張し、そのアナロジーが数学のどこで成立するのかを探ろうとする。その結果として、数学的証明のプロセス、すなわち、各ステップ間の演繹的な移行のうちに観察と類似するようなものはなにもなく、また、計算や計算結果との間にもそうした類似は見いだせないとした上で、彼は次のように言う。

数学の諸理論が一群の真理を構成すると仮定しよう。このとき、これらの真理から何らかの非数学的原理や前数学的原理へとそれ以上遡ることができないとすれば、もはや証明を許さないが、われわれの知りうる範囲内にある、そのような数学的真理が存在しなくてはならない。このとき、それらの真理を知るわれわれの能力を、外的な物理的実在の条件を感覚によって識別するわれわれの能力の知的類似物として記述すること以上に自然なことはあるだろうか。[5]

数学的真理の源泉を数学以外の場所に求めることが可能でないとすれば、われわれは、それを、公理のような一群の真理に求めるしかないように思われる。けれども、もしそれらの公理がもはや何か他のものに依拠して証明できないとすれば（まさにそれが公理のゆえんである）、それらの真理は証明とは別の仕方で把握されねばならないであろう。この把握の方法を、物理的な世界を把握する感覚的能力になぞらえることは、それほど不自然ではない、あるいは、そのようなアナロジーによる以外にいかなる手段があるのか、というわけである。

しかし、こうしたアナロジーを認めたからといって、「数学的な存在者に対するわれわれの信念の正当化は、物理学の理論的な存在者に対するわれわれの信念の正当化と同じだ」[6]というゲーデルのアナロジーまでもが成立するわけではない。ゲーデルのアナロジーが成立しないのは、物理学と数学とでは、存在者の正当化によって求められているものが根本的に違っているからである。われわれが電子や電磁波の存在を信じるのは、それらが説明能力をもつからである。だから、もしそれらのものが存在するという仮定を拒否すれば、説明されない現象が残されてしまう。それに対して、古典的連続体や到達不能順序数にこれと同様の説明能力があるわけではないし、それらの存在を撤回したときに説明不能のまま残される現象があるわけでもない。したがって、前者の正当化は、電子のようなものの存在を信じることの帰結を評価することであって、信ずることそのものを正当化しているわけではない。この点で、ゲーデルのアナロジーは崩れてしまう。[7]

ダメットは、プラトニズムに対する不信の念が多くはこのゲーデルのアナロジーに由来すると考えているようである。しかし、ゲーデルのアナロジーが成立しないからといって、上記引用のアナロジーまでもが成り立たなくなるというわけではない。むしろ、このアナロジーを展開していくことによって、プラトニズムの魅力をもっとも適切に理解できるであろう。次にその議論を見てみよう。

ダメットは、プラトニズムの魅力的な側面を引き出すために、まず、それを形式主義と対比させている。形式主義にもいろいろなバージョンがあるが、ここでダメットが念頭においているのは、厳格な形式主義ではなく、より扱いやすい（と彼が呼ぶところの）形式主義である。(8) しかしこれら異なるタイプの形式主義をきちんと特徴づける作業はいまは必要ない。重要なのは、この扱いやすい形式主義が、プラトニストと同様に、形式体系（数学の公理系）に対して通常の古典的な解釈（モデル）を受け入れるが、プラトニストとは違って、唯一の意図された解釈・モデルというようなものは認めない、という点である。形式体系は、様々な解釈をもつ。それがどういうことかの感触をつかむには、群論の体系によって表現されている構造が、いろいろなところに見いだされ、応用されることに注意を払えばよい。それらの応用のあるケースでは、応用される当の対象が有限個の場合もあれば、それらが無限個の場合もあるから、この場合にはそれぞれの適用事例が、群の体系に対する異なったモデルになっている。ダメットがここで考えている形式主義は、そうした無数のモデルのいずれもが同等のモデルだと考えるような立場である。それゆえ、この形式主義者が数学的な言明を主張するとき、彼らの言明はいずれも条件文の形をとらなくてはならなくなる。つまり、彼らは、つねに「もしこれこれの公理を満足するモデルが存在するならば、かくかくの定理はこのモデルにおいて成り立つ」と言わなければならない。彼らはどのモデルも同等に認めるのだから、彼らの主張はモデルに相対的にしかなしえず、その意味で、その主張にはモデルを特定する条件が付加されなければならないからである。これに対し、プラトニストは意図されたモデルの特権性を認めるであろう。それゆえ、彼らが何かを主張するとき、それはつねにその意図されたモデルでその主張が成立するという内容になる以上、それが条件的な形をとる必要はない。

ダメットは、形式主義とプラトニズムの間にあるこのような相違にわれわれの注意を引きつけた上で、この相違が決定的に重要であり、しかも、この点ではプラトニストの側に圧倒的な分があることを次のように論ずる。数学には様々な分野がある。例えば、数論や解析学、代数や位相幾何等々、数多くの分野があり、それらは一つの理論として公理化されている。そうすると、数学というのは、孤立した島宇宙をいくつも集めてできる一つの全体であるかのように見えるかもしれない。しかしダメットはこのような見方は誤りだと言う。もしこのような見方が正しいとすれば、数学のある理論の別な理論への応用、例えば、代数のある構造が別の理論のうちに見いだせるというような応用は、一方の構造と同型な構造がもう一方の理論において実現されている、あるいは例化されているという形でしかないことになってしまう。これは、ある数学理論の別の理論への応用ということに関する過度な単純化でしかない。もちろん、大多数のケースにおいて、理論や定理の応用がこのような形のものであることを彼は否定しているわけではない。しかし、ある理論の他の理論や他の分野への関与という点について言えば、こうした例化とはまったく異なるタイプの関与がある。

ダメットは、まず、様々な数学理論の中で、数論と解析学と集合論だけは特別だ、と主張する。これらの理論によって研究される数学的構造は、数学の全分野においてなされる証明の中で、ある重要な役割を果たしており、それがこれらの分野に特別な地位を与えている、と言うのである。これらがどうして特別あるいは基礎的であるかといえば、それは、これらの理論がいわばドメイン（各理論がその中で展開される場）形成の役割を果たしているからである。数論（自然数の理論）を例にとろう。もし自然数の存在がすでに保証されているとすれば、可付番ドメイン（すなわち、自然数と一対一対応する領域）をもつ構造の存在は、それがどのようなものであれ、もはや何の困難も引き起こさないであろう。（解析学は、非可算ドメインをもつ諸構造に関して、集合論は、さらに高階の無限に関して、同様の役割を果たす。）つまり、「これら三つの理論は、概念形成の、すなわち、確定した総体を特定する三つの基本的方法の原型を表現している。」[9]

その上で、彼は次のように主張する。

これらの手続きが本質的にわれわれに理解可能であるように思われるという事実、そして、その存在が保証されており、したがって、われわれの証明の中でその存在に訴えることが許されている、そのような総体を把握する手段をこれらの手続きが与えているという事実、これら一組の事実があるとき、これらを説明できないいかなる数学の哲学も、数学の哲学がその職務として説明すべきデータを説明したとは主張できない。

こうして、形式主義が数学の哲学としての資格をもたないことが判明するのに対して、プラトニズムはまさにこれらの事実をもっとも単純な仕方で説明してくれる立場だ、ということが浮き彫りになる。この点にこそプラトニズムがわれわれを引きつける最大の理由がある。プラトニズムには思ったよりも説得力あるではないか、というわけである。そしてこの説得力は、ゲーデルの不完全性定理によって、これらの理論が描き出そうとしている意図されたモデルが形式的体系としては描き切れないことが判明するに及んで、さらに増すかもしれない。これらの構造を把握するわれわれの能力は、それらを描き出すわれわれの能力を超え出ているのである。とすれば、われわれには、これらの構造を全体として把握し、それらの存在を確信できるような何らかの――物理世界の観察に類した――能力があるという主張は容易に否定できないのではないだろうか(10)。

以上が、ダメットのプラトニズム理解の基本的な筋である。いささか議論がわかりにくくなっているかもしれない。ポイントは次の点にある。もし数論や解析学がドメインの形成という役割をもって他の数学理論の土台を与えているならば、理論のどの解釈やモデルも同等だとする形式主義は、維持できないであろう。というのも、他の数学理論が、そこでの証明に際して、安心して一定の総体の存在に訴えることができるのは、数論や解析学がその総体の存在を保証してくれているからである。このような、いわば数学を貫いて応用される総体、あるいはそうした総体を得るための手続きの存在を、モデル相対的な形式主義は保証できない。そして、このような形式主義の欠陥をもっとも単純な形で補完しているところに、プラトニズムが多くの人々を引きつける最大の理由がある、というのがダメットの見解にほかならない。

さて、プラトニズムが一般にどういう立場であるかを特徴づける作業はここまでにしよう。混乱を防ぐために、次の二点を付け加えておくのが適切であろう。まず、ダメットは決してプラトニズムの擁護者ではない。プラトニズムをいかに適切に理解するかというこれまでの議論だけを見てしまえば、ダメットはまるでプラトニストであるかのようである。しかし、これは彼の常套手段であって、やっつける前に、まず相手をできる限り上等に仕上げておかなくてはならない。この上等に仕立て上げられたプラトニズムをいかに葬り去るか、これについては第三章以降で詳しく論じよう。第二に、次に見るフレーゲのプラトニズムは、ここで見たプラトニズムとは随分と違っている。もちろん同じプラトニズムという名前をもつ以上、共通項はあるが、その基本構造においてはまったく独自のプラトニズムになっている。この独自性こそが、ダメットの反実在論を一筋縄では行かないものにしている一つの理由であると同時に、実在論と反実在論との間の論争が意味のレベルで論じられなければならない理由ともなっている。

2　フレーゲのプラトニズム

フレーゲは、その生涯にわたってほぼ一貫してプラトニストであった。というのも、数や概念、値域（value-range）、さらには（Sinn と Bedeutung の区別の導入以降は）意義や思想といった、非現実的対象（non-actual object）あるいは抽象的対象と呼ばれるものの存在を一貫して明確に承認しているからである。しかし、何を存在者として認めるかではなく、それらの対象がいかにしてわれわれに与えられるか、という意味でのプラトニズムの構造に関しては、彼は何度か考えを変えている。(11) ここでのわれわれの関心は、『算術の基礎』におけるプラトニズムに限定される。プラトニズムに関してこの著作で展開される議論がもっともユニークなものであり、ダメット哲学の形成に関してももっとも影響力をもったのもここでの議論だからである。この節では、この『算術の基礎』におけるプラトニズムがどのような形の議論であったのかを（基本的にはダメットの考察に従って）検討する。この議論の意義をダメットがどのように捉えているか、またダメットの反実在論に対してこれがどういう困難をもたらすかについては、次節で論ずる。

フレーゲのプラトニズムは、数という抽象的な対象が存在すると主張する点で、まさにプラトニズムという呼び名にふさわしい立場である。しかし、そうした抽象的対象としての数が「いかにしてわれわれに与えられるか」という点に関しては、通常のプラトニズムとは一線を画した独特の見解になっている。それが独特なのは、プラトニズムが通常は最初から存在論的な見解であるのに対して、フレーゲのそれは、言語的考察、より正確に言えば、彼の論理学体系に関する意味論的な考察からの帰結だからである。その筋道を理解するには、抽象的か具体的かを決定する以前に、そもそも「数が対象である」という主張にフレーゲがどのようにして到達したかを見ておく必要がある。

フレーゲが『算術の基礎』の最初に掲げた方法論的原則の二番目は、「対象と概念を明確に区別せよ」という原則であった。現在、われわれは「対象」とか「概念」とか言われても、さして驚くことはないであろう。こういった言葉は随分となじみになっているからである。しかし、ダメットが指摘するように、対象と概念は存在論的なカテゴリー（あるいは論理的カテゴリー）の名称であり、しかもフレーゲ以前にはこのような形の存在論的なカテゴリーの区分はなかったか、あったとしてもそれほどおなじみの区分ではなかったのである。だが、もしそうであるとすれば、次のような疑問が生ずる。これまでになじみのない存在論的なカテゴリー区分が与えられ、それらの間を明確に区別せよと言われても、いったいわれわれはそれをどうやって区別すればよいのか。そのような区分をどのような基準に基づいて行えばよいのだろうか。

そうした疑問に対する答えは、もう一つの方法論的原則である文脈原理、

語の意味を孤立して問うてはならない、語の意味は文という脈絡において問われなくてはならない

という原理において示唆されている。この原則を文脈原理と呼ぶのは慣例なので、われわれもその慣例に従うが、いくらか注意が必要である。フレーゲがこの原則で言っているのは、次のようなことで

ある。語の意味を問うときに、端的にその意味を問う以前に、まずその語がどのようなカテゴリーに属しているか、その語がどういう論理的役割を果たしているのかをはっきりさせなくてはならない。それをはっきりさせなければ、語の意味を問うということで何が問われているのかが明らかにならないからである。ところで、そのような役割を見てとるときに、その語を孤立して、つまりその語を単独で取り上げて考えてみても、その語の論理的な役割は浮かび上がってこない。だから、その語を文脈の中において考察しなければならない、というのである。ただし、この「文脈」は、通常の意味でのコンテクストではない。ここでの「文脈」は、文という脈絡、つまり、とりあえずはある一つの文を考え、その中で、その語がどういう役割を果たしているかを見ろ、ということなのである。そして、その役割を見てとるということは、フレーゲの場合には、その語が、それを含む文の真理値を決定するのにどのような貢献をなしているか、その貢献の仕方を把握することなのである。[12]

話をもとに戻そう。いま問題となっているのは、どうやって対象と概念を区別するかである。その答えは文脈原理に示唆されているというところまでは述べた。ここで注目しなければならないのは、対象と概念の区別が存在論的な区別であるのに対して、文脈原理が関わっているのは言語表現のレベルだ、という点である。フレーゲの基本的な戦略は、ここにある。われわれは、対象と概念とを区別しなくてはならない。しかし、そのためにはそれに先立って言語のレベルにおいて、それに対応する区別がなされている必要がある。というのも、われわれは存在のレベルを直接扱う手段を何らもっていないからである。

しかしながら、この言い方はあまり正確ではない。というのも、この語り方は、フレーゲの構想を逆から見た語り方になっているからである。話の筋は、実際はこうなる。われわれは対象と概念の区別から話を始めたが、本当はそのような区別の手段をもっているわけではないし、概念や対象が何であるかを知っているわけでもない。そうではなく、われわれに最初の時点で与えられているのは、単称名辞（固有名）と述語や関係表現といった言語表現レベルの区別でしかない。[13] そして、この言語表現における区別は、文という脈絡においてそれらが果たす役割、すなわち、その文全体の真理値へのそれらの貢献の仕方の違いによって特徴づけられる。例えば、固有名と述語では、それらが登場する文において、それらが果たす役割が違っているはずである。まずは、その役割の違いを捉えることこそが、われわれのなすべきことであり、そうした作業の結果として初めて、対象や概念という論理的カテゴリーを構成するアイテムが獲得される。こうした手段による以外に、対象や概念を一般的に特徴づける方法はないであろう、というわけである。

では、その違いはどのように捉えられるのであろうか。ここでわれわれは（上のフレーゲの戦略を忘れて）次のように考えたくなる。それらの表現の、文内部での働きは、その意味論的な働きによって特徴づけられるのではないか。例えば、ある表現が単称名辞であるかどうかは、それが何らかの対象を指示しているかどうかによって決まり、その表現が（一項）述語であるかどうかは、それが概念を表す表現であるか否かによって決められるのではないか。しかし、この道筋は、フレーゲの場合にはわれわれは閉ざされている。なぜなら、その場合に使われる対象や概念といった存在論的カテゴリーはわれわれに前もって与えられてはいないからである。対象とは何かという問いに対して、フレーゲが与える答えは、それが「固有名（単称名辞）によって指示されるものだ」というものである。この答えはとても重要である。固有名が何であるかが、対象の観念によって特徴づけられるのではなく、対象というカテゴリーが固有名という表現カテゴリーによって特徴づけられるのである。あるいは、対象や概念という存在論的カテゴリーは、言語的カテゴリーに随伴する、と言ってもよい。[14] この逆転した発想は、ダメットがフレーゲに見てとる重要な洞察の一つであり、「言語論的な転回がフレーゲから始まった」と彼が言う際の、一つの根拠ともなっている。

けれども、こうしたフレーゲの発想が維持可能であるためには、対象や指示といった観念に訴えることなしに、文中のある表現が固有名であるか否かが判定できなくてはならない。そのようなことが果たして可能なのか。実際のところ、フレーゲ自身はそれについてたいしたことを語っているわけではない。というよりも、そのような判定の可能性をほとんど自明のように考え、せいぜいがいくつかのヒントめいたことを語っているにすぎない。ダメットは、そのわずかに語られたことを手がかりに、与えられた表現が固有名であるかどうかの判別規準を打ち立てるために膨大なページを費やしている。[15] ここではその大筋を追ってみよう。

いま、われわれに必要なのは、固有名をその他の表現から区別するための基準、あるいは、ある与えられた表現を固有名という表現カテゴリーに分類するための基準である。その基準は、ふたたび、その表現が登場する文中で、その語がどのような論理的役割を果たしているか、その役割に求められなくてはならない。そうした役割を捉えるためにわれわれに使うことが許されているのは、われわれが現実にどのように言語を使用しているか、特に、どういう推論パターンを妥当とし、どういう推論パターンを妥当ではないとしているか、そうした言語使用にかかわるデータである。(16) そこでまず、ダメットは、存在汎化のような一般性を含んだ推論パターンに着目する。

　われわれが関心をもつ推論の基礎的な形式は、存在汎化である。大雑把に言えば、ある表現'a'が固有名であるための必要条件は、それを含む文から、その文における表現'a'を'あるもの（something）'によって置き換えた結果を推論することが可能であるはずだ、ということである。(17)

存在汎化というのは、「ソクラテスは賢明である」から「あるものは賢明である」へと進むような推論である。ダメットがここで言っているのは、もし'a'が固有名であるならば、「aは賢明である」から「あるものは賢明である」へと推論でき、その推論は妥当だ、ということである（したがって、その推論が妥当でないならば、その表現'a'は固有名ではない、ということが導ける）。ここに、ダメットの基本的なアイデアが反映されている。もちろん、いま述べた条件は必要条件にすぎない。しかし、もしこの条件に加えて、さらにいくつかの推論パターンを吟味し、そうして得られた推論パターンをいずれも妥当とするのは、そこに登場する表現'a'が固有名のときに限られるということが立証できるならば、われわれがどの推論パターンを妥当としているか、その推論実践だけから固有名の判別基準が得られるのではないか。例えば、日本語にうまく対応する表現が見つからないのだが、この必要条件だけからも、'nothing'（いかなるものも…ない）という表現が固有名から除去できる。というのも、「いかなるものも賢明でない（Nothing is wise.）」から「あるものは賢明である」への推論は妥当ではないからである。

とはいえ、このアイデアを使い物になるようにするには、まだまだ多くの改訂や推論パターンの付け加えが必要である。例えば、「ピーターがまだ生きているならば、われわれは救出されるだろう」から「あるものがまだ生きているならば、われわれは救出されるだろう」への推論は妥当ではない。けれども、われわれの言語的直観からすれば、「ピーター」は固有名である。だから、単純に存在汎化をもちだすだけでは不十分なのである。さらに、右で'nothing'を除去したのと同じやり方では、例えば'something'に相当する語を除去することはできない。つまり、上の基準では'something'から'something'への推論は妥当になってしまうから、'something'は固有名だということになってしまう。そこで、ダメットは、'A(a) かつ B(a)' から '$\exists x(A(x)$ かつ $B(x))$' への推論は妥当だが、'$\exists xA(x)$ かつ $\exists xB(x)$' から '$\exists x(A(x)$ かつ $B(x))$' への推論は妥当でないことに着目して、前者の推論パターンを基準に付け加える。そうすると、'A(a) かつ B(a)' の a に固有名が代入されるときは '$\exists x(A(x)$ かつ $B(x))$' への推論は妥当になるが、この a に'something'が代入されると、'A (something) かつ B (something)' は '$\exists xA(x)$ かつ $\exists xB(x)$' になってしまい、そこから '$\exists x(A(x)$ かつ $B(x))$' への推論は妥当ではなくなってしまうからである。これによって'something'のような表現を固有名のカテゴ

リーから除去できるであろう。(18)

しかしながら、このようにして基準をいくら精緻化していっても、こうした基準によって除去できるのは、'something' や 'everything' のような実詞句といわれるような表現だけである。根本的な困難は、ダメットが取り上げている次のような例から出てくる。例えば、「ある警察官が彼を叩いた」と「ある警察官が暴行の罪で彼を告発した」から、「あるものが、彼を叩き、暴行の罪で告発した（彼を叩き、暴行の罪で告発したものがいる）」への推論は正しくない。ところが、この「警察官（a policeman）」が述語の位置にくる場合、「ヘンリーは警察官である」と「ピーターは警察官ではない」とから「ヘンリーがそうであって、ピーターがそうではないところの何かが存在する」への推論は論理的には妥当である（日本語ではかなり不自然な推論ではあるけれども）。つまり、述語を固有名ではないとして除去する基準をわれわれはいまだ手にしていないのである。(19)

この困難に対処するための基準としてダメットが持ち出すのは、「属性は反対（の属性）をもつが、実体は反対をもたない」というアリストテレスの基準である。(20) 属性を述語に、実体を固有名に重ねることによって、この基準は言語的基準としても使える、というわけである。述語がその反対をもつというのは、「$F(x)$」が述語のとき、「$F(x)$ は成り立たない（事実ではない）」もまた同様に述語だ、ということである。一方、対象がその反対をもたないというのは、ある対象が与えられたとき、その対象に当てはまるすべての述語が、いずれも当てはまらず、その逆も成立する（その対象に当てはまらないすべての述語が、いずれもそれについては成立する）ようなもう一つの対象は存在しない、ということである。これは、ダメットの上げている例で考えた方がわかりやすいかもしれない。いま「賢い」という述語が与えられたとする。このとき、例えば「愚か」という述語を導入することができる。そして、その場合、すべての固有名‘a’について、「aは愚かである」が、「aは賢いというのは事実ではない」と同じ真理値をもつ、というように取り決めてやればよい。これによって述語「賢い」の逆の述語が導入されたことになる。これに対して、「ソクラテス」という固有名が与えられたときに、例えば「非-ソクラテス」のような名前を導入し、すべての述語‘$F(x)$’について、F（非-ソクラテス）の真理値は「F（ソクラテス）が成立しない」と同じである、というように取り決めてやることはできない[21]。例えば、「自分自身と同一である」のような述語を考えれば、これが成立しないことは明らかであろう。

　さて、ダメットの規準――与えられた表現が固有名であるか否かを存在論的カテゴリーに言及せずに判別する規準――の詳細に立ち入るのはここまでにしよう。問題は、こうした規準の設定に見込みがあるかどうか、である。しかし、その評価を検討するためにも、その前に二つの事柄を付け加えておきたい。

　まず、これらの規準は、実践的な規準として意図されたものではない。例えば、固有名が何であるかをまったく知らない人が、これらの規準によって固有名がどのような表現であるのかを知り、判別できるようになるかと言えば、そんなことはほとんどあり得ないであろう。だから、これはあくまでも原理的な可能性を探る試みなのである。

第二に、いま述べたことと関係するのだが、われわれはこれらの規準を構成するにあたって、固有名という観念を使用してきたし、一定の表現が固有名であることを既知のこととしてきた。固有名の判別規準を提供しようというときに、このような事柄を前提にすることは許されるのであろうか。この点については、次のように考えればよい。フレーゲは（あるいはダメットは）、現実的には、ある表現が固有名であるか否かが言語的規準によってすべて判別されなければならないと考えているわけではない。議論の前提として、われわれは一定の言語が使用され、推論の妥当性についての判断を行えることを仮定してきた。そのような言語使用の実践に固有名（単称名辞）の使用が含まれていない、ということはあり得ない。さらに具体的な名辞についてであれば、直示行為を通して指示関係が把握されることがあっても、それはまったくかまわないのである。問題は、境界線上のケースであり、境界線を越えてさらに先のケースである。われわれは抽象的なものについても固有名を用い、指示を行っているように見える。そして、フレーゲはさらに固有名と認定することが一見すると疑わしいようなケース――数詞――についても、それを固有名として認定したいのである。そのような場合に、われわれが必要とするのは、具体的・抽象的を問わず適用可能な一般的規準であり、しかもその規準は、与えられた表現が文の内部で果たす役割にのみ言及することによって得られるような規準でなくてはならないのである。

ダメット自身は、以上のような規準が固有名の判別に関する正確な規準だ、と考えているわけでは、もちろんない。けれども、そのような規準を獲得するための原理的可能性は少なくとも示された、と考えているようである。ポイントは二つある。個別的な言語のもつ文法的な手がかり（例えば、定冠詞—不定冠詞の区別のような特定の言語に特有の手がかり）に依存しないで、一般的な意味に関する考察だけに基づいて、そのような判別規準を与えることが可能であるか否か。規準を積み重ね、あるいは改訂を加えることによって、例外のない規準へともたらすことが可能であるか否か。ダメットは、この二点については可能性が示されたと考えており、したがって、フレーゲがわずかに示唆している（意味論や存在論的カテゴリーには依存しない）固有名の識別というアイデアが、十分に信憑性のあるアイデアであり、その結果として、言語的なカテゴリーが存在論的・論理的カテゴリーに先行するというフレーゲの『基礎』における発想が見込みのある発想であることを立証できた、と考えている。

　さて、ようやくフレーゲのプラトニズムを直接議論する準備ができた。「数はいかにしてわれわれに与えられるか」という問いに対するフレーゲの答えは、「対象とは、固有名が指示するものである」という先の主張に本質的に依存している。以下で、その議論の流れを追ってみよう。ここまで来れば、話は結構簡単である。

　フレーゲは『基礎』の冒頭で文脈原理——文という脈絡においてのみ、語は意味をもつ——を導入した。これは、すでに述べたように、完全に言語的な次元において定式化された原理である。したがって、「数はいかにしてわれわれに与えられるのか」という問いは、「数を表す名辞を含む文の意味はいかにして固定されるか」という問いへと変換されることになる。というのも、数は数名辞が表すものだからである。言語的なカテゴリーが存在論的なカテゴリーに先行するという、これまでに見てきたテーゼが与えられたならば、われわれは「数とは何か」と問うよりも先に、数を表す名辞（数名辞）の意味を問題にしなくてはならない。そして、文脈原理により、数名辞の意味を孤立して問うことは許されず、数名辞を含む文の中でその数名辞がどのような論理的役割を果たしているのかを探らなくてはならないのである。これが、問いが定式化し直される理由にほかならない。

では、「数を表す名辞を含む文の意味はいかにして固定されるか」という問いにはどのように答えることができるのだろうか。フレーゲは、数が対象であることを示したいのである。このことをまずは念頭においておこう。その上で、フレーゲは『基礎』の62節において次のように言う。

記号aが、我々に一つの対象を表示すべきだとしたら、我々は、bがaと同一かどうかを至る所で決定する規準を持たなければならない。たとえこの規準を適用するのは我々の力では必ずしもできないのだとしても。(22)

したがって、数名辞が対象を表示すべきだとすれば、そのためには、数名辞に関する同一性の規準を与えることができなくてはならない。フレーゲが数名辞として取り上げるのは「概念Fに帰属する数」という表現である。この言い回しはわかりにくいかもしれないが、少し先走って言ってしまえば、例えば、概念「地球の衛星」に帰属する数は1であり、概念「太陽系の惑星」に帰属する数は9だ、ということである。以下では、この表現を簡単に「Fの数」と言うことにする。そのとき、その規準

が与えられるべき同一性命題は、

（1）*F*の数＝*G*の数

になる。どういう場合にこの同一性は成立するのか。フレーゲが与える規準は、「*F*と*G*とが同数的である」というものであり、これは最終的に「*F*と*G*との間に一対一対応が成立する」として分析される。それゆえ、われわれが問題にすべきなのは、次のような同値命題だ、ということになる。

（2）*F*の数＝*G*の数⇔*F*と*G*との間に一対一対応が成立する。

この（2）は、現在、ヒュームの原理と呼ばれている。問題は、このヒュームの原理がいったいどのような意義をもつのか、である。このことを、論理主義というフレーゲのプロジェクトとの関係、および彼のプラトニズムとの関係の二つに分けてそれぞれ考えてみよう。

まず、論理主義という観点から言えば、このヒュームの原理は、フレーゲの算術体系の基礎をなす唯一の公理にほかならない。二階の論理のもとで、この公理と彼の有名な数の定義――すなわち、「*F*の数」の「*F*と同数的であるような概念*G*のクラス」としての定義、あるいはもっと簡単に、「概念の、一対一対応のもとでの同値類」という定義――とから、算術のすべての定理が（場合によっては部分的変更を加えて）証明できる。ただし、これは、フレーゲ自身が証明したことではない。フレーゲは『基礎』の68節において、それまでの（2）による数の相等性の定義を放棄し、概念の外延の導入へと方向転換してしまい、ヒュームの原理からの算術的定理の導出を実際には遂行していない。[23]さらに、64節からは、なお（2）を扱っているものの、基数演算子のケースではなく、もっぱら直線の方向演算子の導入を例にとって話を進めている。こうしたフレーゲの態度をどのように解釈するかをめぐって、ダメットは長大な議論を行っている。ダメットの解釈は、（2）が文脈原理に合致した文脈的定義の形をもつことに困難の一因があるというものだが、ここではその詳細に立ち入る必要はないであろう。

プラトニズムとの関係から言えば、この同値命題（2）は、一種の抽象化原理であることに注意する必要がある。（2）は、新しい名辞、この場合は「概念Fの数」、を彼の理論に導入するための装置という役割をもっている。抽象化の原理としてよく知られているのは、集合論の包括原理であろう。命題関数$\phi(x)$から、これを満たすものの集合を構成する原理である。[24]フレーゲがヒュームの原理を放棄した後に導入する装置は、どちらかというと、この包括原理に近い装置である。これに対し、ヒュームの原理は、直接何らかの対象を構成するような原理にはなっていない。この原理が提供してくれるのは、新しい名辞「概念Fの数」を含む様々な文の真理値を決定する、そのための手段である。そして、導入されるべき名辞を含むあらゆる文の真理値を決定する方法をわれわれが入手するならば、その名辞がどういう種類の名辞であるか、その名辞が別の名辞と同一であるかどうかを、その方法に基づいて決定できるはずである。ダメットの例をとれば、新しい名辞tの指示対象が、例えば有機体であるかどうかをわれわれは決定できる。というのも、（理想的には）「tは有機体である」が真であるか否かを、ヒュームの原理に相等する、有機体の同一性に関する原理に基づいて決定できるからであり、同様に、名辞sが与えられたときには、同じ原理にもとづいて「tはsと同一である」の真偽を決定できるであろう。このような手続きの全体をもって、最終的にはその名辞の指示する対象を導入したことになる、というのが、フレーゲが『基礎』の途中まで思い描いていた構図にほかならない。

ダメットは、このヒューム原理が実質的にそのような対象の固定という抽象化原理の役割を果たすか否かについては否定的であるにもかかわらず、フレーゲが思い描いていたこの構図そのものは、きわめて高く評価している。このような形の抽象化原理が導入する「対象」は明らかに通常の、出会いを期待できるような対象ではないし、それについて何らかの表象やイメージといった心理的な像を描けるような対象でもない。けれども、その名辞がどういう種類に属するか、その名辞が他の名辞と同一であるかどうか、こういったあらゆる問いに答えるための手段が与えられており、しかも、その名辞を含む一定の言明の真理値が真として（その名辞に指示作用を帰属することなく）確定できるならば、その名辞に指示作用を帰属し、その名辞によって指示されるものを「対象」として認定することは、こと抽象的な存在に関するかぎり、それほど奇妙なことではないように思われる。直接、あるいは間接に、出会うことができることや、イメージを描けることが対象の対象性を保証しているわけではないのである。このことをまとめて、ダメットは次のように言っている。

言語だけが、トータルな周辺環境から対象を取り出すことができるのであり、同一性の規準を課すことによってそれを対象として描き出すことができるのである。抽象的対象の場合には、対象を指示するこの手段〔直示表現の適切な使用〕が欠けている。だから、われわれに習得する必要があるのは、同一性言明——一方の側にその名前が出現し、他方の側にその種の対象を表す何らかの複合名辞が出現する——の使用だけである。(25)

言い換えれば、ある表現の指示を把握するということは、その表現を含むあらゆる文の真理値を決定するための手段をもつことであり、それにつきる、ということである。そして、以上の議論は、「数がいかにしてわれわれに与えられるか」という最初の問いに対して、実質的な解答を提供している。それは、数名辞を含むあらゆる言明の真理値を決定する原理、すなわちヒュームの原理の把握を通してだ、というものになる。(26)そういう原理の把握を通して、数は対象としてわれわれに与えられるのである。

以上が、フレーゲのプラトニズムの概要である。このような形のプラトニズムをフレーゲが構想していたという事実をダメットはどのように評価しているのか。また、それがダメットの反実在論の議論にどのような影響をもたらすのか。次節でこれらの問題を検討しよう。

3 プラトニズム・言語論的転回・反実在論

フレーゲのプラトニズムについて、ダメットがどのような評価を与えているかを見るには、このプラトニズムの全体的な構図についての評価と、『基礎』から『算術の基本法則』へと続く一連の論理主義プログラムの実行可能性についての評価とを分けて考えた方がよい。ダメットはそれぞれについてまったく異なる評価を与えているからである。

ダメットは、フレーゲ的プラトニズムの全体的な構図に関しては最大限の賞賛を惜しまない。というのも、フレーゲのこの全体的構想は、ダメットが二十世紀分析哲学の最大の貢献だと考える「言語論的転回」の起点であるとともに、まさしくそうした転回を実行してみせた実例だからである。フレーゲは、言語的あるいは意味論的カテゴリーを、存在論的カテゴリーに対して優先させる、という形でそれを実現してみせた。しかしながら、この言語的なものの優先テーゼそのものがフレーゲ哲学の出発点ではない。このテーゼは、文脈原理からの自然な展開の結果であって、その逆ではないのである。だから、ダメットは、文脈原理を『基礎』の最初に方法論的原理としておいたという事実に「言語論的転回」の始まりを見てとり、フレーゲ哲学の最大の特徴がここにあると考える。(27)

けれども、実際にはフレーゲはダメットの期待通りに事を運んでいるわけではない。もし文脈原理が最大の重要性をもつ原理であるならば、指示という機能をもつことが文という脈絡の内部での数名辞の働きとして確定されることになるのだから、それら数名辞に関する同一性の規準が、ヒュームの原理という文脈的な定義において与えられる、というのはきわめて自然な流れである。ところが、フレーゲは、『基礎』の途中でこの方針を突如変更して、概念の外延の導入という異なった方向へと進んでいく。この事実は、一見すると、フレーゲが、この方針転換とともに、文脈原理をも放棄したということを示しているように見える。しかし、フレーゲの最大の貢献とダメットが評価するものが、こうあっさりと消えてしまってよいのだろうか。そこで、ダメットは、文脈原理がこれ以降は表だって出現するわけではないにもかかわらず、フレーゲ哲学の中から完全に消去されてしまったわけではないということを立証するために、膨大なページを費やしている。

この点について、ダメットのフレーゲ解釈が正しいかどうかはおくとしても、この事実だけからも、文脈原理に対するダメットの評価が並々ならぬものであることが窺える。ダメットは、この文脈原理からの一つの帰結を、しばしばウィトゲンシュタインの「世界は事実の総体であり、ものの総体ではない」でもって表現する。もっとも、文脈原理からただちにこの帰結が得られるわけではない。フレーゲの文脈原理はあくまで言語的なレベルの原理であって、表現の意義（Sinn）にかかわるような原理だからである。とはいえ、この『論考』1・1の文句は、そしてその背後にあるとダメットが考える文脈原理は、彼が理解するところの実在論-反実在論論争の形を左右するほどの影響をもっている。実在論vs.反実在論の論争は、世界を構成する「もの」についての論争ではない。世界が事実の総体であるならば、その論争は、事実を表現するところの「言明」についての論争でなければならないはずである。こうして、フレーゲが切り開いた言語論的転回を経たあとの存在論に関する論争は、言明の次元での論争、さらには、言明の意味と使用を説明する意味理論のレベルでの論争でなければならない。ダメットが実在論と反実在論の論争を言明の意味に関する論争として描き出そうとするのは、まさに、彼がフレーゲに見てとったものの反映なのである。

一方、フレーゲの論理主義という側面に関しては、ダメットは完全に否定的であり、そのプログラムをどのように再解釈するかというよりは、『基本法則』に至って破綻する論理主義の誤りが、最終的にどこに位置づけられるかを明らかにすることにむしろ力を注いでいるように見える。また、フレーゲが方向転換する以前の、ヒュームの原理に基づく構想についても、ダメットはやはり否定的である。ダメットの解釈はこうである。フレーゲの同一性の規準は、数名辞が意味論的な指示機能をもつことを示すところまでは働くものの、量化子が走る対象領域の中の対象を確定するところまでには至らない。ダメットがここに見てとるのは、非述語性 impredicativity と言われる困難である。あるものを定義したり構成したりするときに、その定義されるもの、構成されるものをすでに含む全体に言及することによって、そうした定義や構成が行われるとき、それらは非述語的だと言われる。[28] フレーゲの抽象化原理は、対象のいわば構成をその役割とするにもかかわらず、そうした対象からなる対象領域への量化を前提としているのだから、いま述べた意味で、ここにはあからさまな非述語性がある。したがって、数名辞が指示するものとしての数という対象の構成には成功していない、というのである。この点で、ライトやヘイルのようなネオ・フレーゲ主義者たちとダメットは袂を分かつ。ネオ・

フレーゲ主義者たちは、さらに、フレーゲに方向転換を強いたジュリアス・シーザー問題[29]も、『基礎』の枠組み内で解決可能だと主張するが、この点についても、ダメットは否定的であり、フレーゲの論理主義がそのままで維持しうるとは考えていない。

しかし、そうした否定的な評価を保持しつつも、なお彼がフレーゲの路線を高く評価し続けるのには理由がある。フレーゲの路線において最大の困難は、対象領域の確定に関する非述語性にある。対象領域の確定が非述語的にならざるを得ないのは、その領域が最初からその全体として与えられると考えるからである。もし、そうではなく、対象領域が、ダメットの言うところの「際限なく拡張可能」な領域であって、構成主義的に徐々に形成されると考えるならば、フレーゲの困難は回避しうると彼が考えているからである。しかし、この方向での展開がどのようなものになるかをここで論ずることはできない[30]。

最後に、フレーゲのプラトニズムがダメットの実在論および反実在論の解釈にどういう困難をもたらすか、を見ておこう。これまで見てきたことから明らかなように、フレーゲのプラトニズムはかなり特異な見解であった。その特異性は、彼のプラトニズムが言語の次元に定位したプラトニズムだ、という点にある。言語的な同一性の規準から対象という存在論的カテゴリーに到達するという路線を、それだけ取り出して見れば、それは決して実在論的ではないように思われる。というよりも、ダメット自身のことばに従えば、フレーゲのプラトニズムが含意していることは「通常理解されているよりもはるかに構成主義的[31]」なのである。しかし、その一方で、フレーゲは、数のような抽象的対象の存在をはっきりと肯定するのだから、彼自身はまぎれもなくプラトニストであり、さらには唯名論を拒否しているという意味では実在論者でもある。要するに、フレーゲのプラトニズムにおいては、様々な形の実在論と様々な形の反実在論が交錯しているのである。

このような交錯した状況は、フレーゲ哲学の内部にとどまらず、もう少し大きな枠組みにおいても見出せるかもしれない。ダメットが称揚する言語論的転回は、もしそれが、言語的な主張から存在論的な主張を導き出す方向をもつとすれば、大局的には、その転回自体が構成主義的、あるいは反実在論的な傾向をもつ転回だと見ることもできる。しかし、そのような転回をまさに実践してきた人々のほとんどは、ダメットの意味での反実在論者ではない。例えば、ラッセルやムーアといった人々が目指していたのは、ヘーゲル主義的観念論からの決別であり実在論の復興であった。もし言語論的な転回そのものが反実在論的な転回ではないとすれば、フレーゲのプラトニズムを構成主義的に見せているのは、彼の理論のどういう特徴なのだろうか。一方、ラッセルにしても、その記述の理論が、マイノング流のウルトラな実在論を拒否するための手段を与えていると考えるならば、そこでのラッセルの立場は、マイノングの実在論と比較するかぎり、かなり反実在論寄りの立場にすら見えてくる。このように考えてくると、実在論的とか反実在論的とかいうのは、なんだか相対的なものでしかないようにも思えてくる。このような状況を前にするとき、実在論や反実在論を特徴づける作業は、ダメットが当初予想していたよりも、はるかに複雑な作業だということが判明してきた。実在論と反実在論とを切り分ける単一の規準は存在しないのである。しかしながら、この地点において確認しておく必要があるのは、単にこの立場は実在論的だとか、あの立場は反実在論に近いというような直観的な評価を下しても意味はないのであって、存在論的描像から出発するかぎり、これを越えた特徴づけは期待できない、という事実である。ここに、この問題を意味のレベルで考察する重要なポイントがある。

第二章　直観主義から反実在論へ

ダメットの反実在論は、数学の哲学にのみ関わるような立場ではなく、われわれの言語活動全般を対象としているが、その原型は、（数学的）直観主義者たちが古典数学に対して行ってきた批判活動に求めることができる。その意味で、直観主義は、ダメットを理解するための不可欠の背景をなしている。しかも、直観主義の影響はそれだけにとどまるわけではない。彼が、意味理論のあるべき形を問題にするとき、また論理の改訂可能性を論ずるとき、そこで使われるアイデアのいくつかは、直観主義の論理体系がもつ性質や直観主義数学から得られた成果にも基づいている。

しかしながら、ダメットは直観主義の考え方をまるごと受け入れているわけではない。彼にとって、ブラウワーに始まる直観主義の思想はあまりにも観念論的であり、そのままではとても受け入れることができるような代物ではなかった。その点では、ダメットの直観主義はブラウワーの直観主義よりも、その後継者、ハイティンク（A. Heyting）の考える直観主義に近い部分がある。ハイティンクは、後に見るように、直観主義論理の形式化を行うことによって、直観主義をより近づきやすい一つの理論として示して見せた。その際のポイントは、（「存在の論理」としての古典論理に対して）直観主義論理をいわば「認識の論理」として提示することであった。ダメットは明らかに、このハイティンクの直観主義をかなりの程度受け継いでいる。しかし、その一方で、ハイティンクの立場からは、数学や論理の改訂という方向は失われてしまっており、その点では、ダメットはブラウワーに近いところに立っている。こうした事情については以下で詳しく述べるが、いずれにせよ、彼は、古典的な論理学や数学を批判し、それに取って代わる新たな論理学や数学の構成を目指すという直観主義の基本的な方向性は維持しながら、それを支える哲学を根本的に構築し直すという作業に従事しなければならなかった。それゆえ、以下の議論においては、ブラウワーによるオリジナルな直観主義、直観主義論理の形式化以降に位置づけられるハイティンクの直観主義、そしてダメット自身の考える直観主義とをきちんと区別しておくことが、混乱を防ぐために重要である。

1　ブラウワーの直観主義

最初に、ブラウワーに始まる直観主義がどういう立場なのか、そしてそれがどのように展開してきたのかを見ておくことにしよう。

ブラウワー（L.E.J.Brouwer）は、一九〇七年博士論文「数学の基礎について」の中で初めて直観主義的な考え方を明らかにした。そこで述べられているのはおおよそ次のようなことである。数学は、数学者が行う心的な構成活動であり、したがって、その活動によって構成される数や関数や集合は、心的構成（mental construction）にほかならない。数学は本来そのような心的構成を扱うべきであるのに、論理学者（デーデキントやラッセルのような論理主義的傾向をもつ人々）やヒルベルトのような形式主義者たちは、そうした心的構成を記述するための不完全な道具でしかない言語を、まるでそれ自体が数学の対象であるかのように考え、数学の内に取り込んでしまっている。つまり、彼らの数学は、本来数学が関わるべき心的構成ではなく、誤ってその言語的対応物をその対象としてしまっている。それればかりか、彼らは、そのような言語的な対応物にしか成り立たない原理――論理学の原理――を、あたかも数学の原理であるかのように使用して、彼らの理論を作り上げている。このようなものは、数学としては認められない。このように彼は主張する。もちろん、彼の論文がこのような主張のみから成り立っているわけではないが、中心となる考え方は以上のようにまとめられるであろう。(1)

さらに、翌年一九〇八年、「論理的原理の信頼不可能性」と題された論文において、ブラウワーは批判の矛先を、言語的対応物にしか成り立たない原理としての論理法則へと向ける。ここで注目すべきことは、彼が論理の法則を「数学的構成に後から観察される規則性」にすぎないものとし、数学的な活動を導き、統制する法則という身分を一切認めない、という点である。しかしブラウワーは、論理法則が本来はそのような規則性の記述でしかないことを確認した上で、数学的構成がかりに論理の法則に従ったと仮定し、論理の各法則が正しい構成へと導いてくれるかどうかをチェックしようとする。その結果、矛盾律や三段論法に相当する法則が安全な結果へしか導かないのに対し、排中律（‘$A \vee \neg A$’がつねに妥当するという原理）は妥当な帰結へとは導かないことが示される。その論法は、もし集合Dが有限集合ならば、そのメンバーが属性Aをもつか否かは、確定しているのに対し、つまり有限集合については排中律が成立するのに対し、集合Dが無限集合ならば、いかなる心的構成によってもその決着は着かない可能性がある、というものである。直観主義のよく知られた特徴は、ブラウワーのこの箇所での議論に集約されている。直観主義は排中律を妥当な論理法則とは認めない、直観主義は無限集合を完結した総体としては認めない、こうした特徴づけは、まさにいま述べた議論で初めてなされた。しかし、ダメットの考える直観主義との関連を明らかにする上でも、こうした特徴づけの背後にどのような考えがあるのか、もう少し立ち入ってブラウワーの思想を見ておくことにしたい。

ブラウワーのこうした考え方は、第一印象としてはかなりトンデモに近いと思われるかもしれない。なにしろ、デーデキントやラッセルやヒルベルト、さらにはカントールといった超大物を俎上にのせて、数学の基礎に関する彼らの仕事をナンセンスと切って捨てているのであるから。けれども、ブラウワーの発言は、必ずしも奇矯なものとしてのみ受け取られたわけではない。実際には、ブラウワーに到るまでに、数学を構成主義的な観点から捉えようとする人々がいたわけであり、[2] ブラウワーは、かなり先鋭的であるにしても、そのような構成主義の系譜に属する一人と考えられたからである。また、ラッセルのパラドクス（一九〇四年）の発見により、それまでの数学のあり方が根本的に再検討されるようになっていたこととも無関係ではない。実際、ブラウワーは、「数学の基礎について」の中で、完結した無限の総体を安易に容認することにパラドクスの根があるという指摘を行っている。さらに、ブラウワーは、その後一〇年にわたって、直観主義にはまったく言及せず、トポロジーに専念し、次元の問題や不動点定理に関して数々の業績を上げ、一流の数学者としての名声を獲得する。自分のそうした業績が、直観主義の市民権確立に与っていることを彼自身ははっきりと自覚していたのである。(3)

一〇年の中断の後、ブラウワーは直観主義の活動を再開するが、ここから直観主義の新たな展開が始まる。それまでのブラウワーの主張は、いわば直観主義のマニフェストであり、古典数学的実践に対する批判が主要な内容であった。しかしこの時期以降のブラウワーは、批判の対象であった古典数学にとって代わるべき新たな数学として、直観主義数学の構成に従事する。その出発点となる彼の基本的な見解は次のようなものである。

（1）数学は本質的に言語とは無関係な活動である。
（2）数学は心的構成活動以外の何ものでもない。
（3）数学は時間の直観を前提にしなくてはならない。

（4）　数学的構成は論理に先行する。

これらの内、直観主義に対する拒否反応を引き起こす最大の要因は（1）の主張である。これについて、ブラウワー自身のことばを見ておこう。

直観主義の第一の活動は、数学を、数学的言語から、特に理論的論理学によって記述される言語現象から切り離し、直観主義数学が、時間の動きの知覚にその起源をもつような、心の本質的に無言語的な活動であることを認識する。すなわち、［ここでいう時間の動きの知覚とは、］生の瞬間を、二つの異なるものへと切り離すことである。その際、二つの異なるものの一方は他方によって退けられるが、なお記憶によって保持されている。こうして生まれる二―一性（the two-ity, the two-oneness）が、あらゆる質を剥奪されるならば、あらゆる二―一性の共通な基体の空虚な形式が残される。この共通の基体、この空虚な形式こそが、数学の基本直観にほかならない。(4)

突然このようなことを言われても、という感がないわけではないが、少し説明を加えさせてもらいたい。最初に問題になるのは、なぜ数学が本質的に言語なしの活動・行為でなければならないのか、彼がそう主張する理由は何か、である。まずは、この問題から考えていこう。

確認しておかなければならないのは、ブラウワーにとって、数学はメンタルな「行為」だという点である。例えば、彼は「数学の基礎について」において「厳密に言って、直観的数学の構成それ自体は、行為であって、科学ではない」(5)とまで言う。それゆえ、もし数学的真理というものがあるとすれば、それは、単に発見されるのではなく、そのような構成という行為を通して初めて獲得されなくてはならない。言い換えれば、数学的真理は、われわれ、あるいは数学者の誰かであるような主体によって体験されなくてはならない。これを、ブラウワーは「真理は体験されなくてはならない」(6)という言葉で表現する。

その上で、彼は、数学的真理の内容とそれに到る体験とを切り離してはならない、と主張する。彼がそう主張するのは、もしわれわれが数学的真理の内容とそれに到る体験とを切り離してしまうならば、内容そのものが言語的操作の対象として独立に措定されてしまうことになるからである。この点は、ブラウワーが数学の言語性を拒否する際の中心的な論点だから、もう少し詳しく説明しよう。

ブラウワーはしばしば、数学という心的構成の体験が、神秘主義者がもつような内的体験に似たものであることを示唆する。ただし、ここで神秘主義との比喩をあまり厳格に受け取る必要はない。ポイントは、いずれの体験も言葉にすることが難しく、また、言語化されることによって体験のもつある種の質がつねに取り逃がされてしまうような類の体験だ、という点にある。「思想は、わかちがたく主体に結びつけられている」という主張や、あるいは「数学的構成の内省的性格」(7)という表現は、いずれもが、体験のとらえがたい質への言及と見ることができよう。おそらく、ここでいう体験のとらえがたい質、体験の内省的性格とは、そうした体験へと至る個人的な背景やプロセスのことだと考えられる。

では、どうして言語化することによって、そうした体験の質が取り逃がされてしまうのか。それは、言語がそうした内的体験を記述するのに不十分なほど貧しいからではない。むしろ、言語は社会的な道具であり、そのためにつねに一般化・普遍化の方向に向かって作用する。そして、ここが重要な点なのだが、言語の、こうした一般化へ向かう作用は、体験のコンテントをその体験へ至る個人的背景やプロセスから切り離すことによって初めて成立するような作用にほかならない。個人的な背景やプロセスを引きはがすことなしには、内容の「共有」はあり得ないからである。だからこそ、内的体験を言語化することによって元の体験がもっていたはずの個人的な特質が失われてしまう。これをブラウワーは極度に懸念する。

だがそうすると、次のような疑問が生ずる。なぜブラウワーは、心的構成プロセスとそれによって構成されたものとが分離されてはならない、と考えたのであろうか。別な言い方をすれば、なぜ彼は内容と体験の分離をこれほどまでに警戒するのか。この問いに対する一つの答えは、彼が数学をあくまでも行為のシステムとしてとらえようとしていたからだ、というものである。もし、構成されたものと構成のプロセスとの分離を認めてしまうならば、プロセス抜きの構成結果や内容がそれ自体として操作可能な対象となるであろう。プロセス抜きに操作可能な対象を措定してしまえば、それらの対象が心的行為の一種であるという出自を失念して、それらをいわば概念的な操作可能性やそれらの統辞論的対応物の言語的操作可能性のもとにおくことになってしまう。例えば、排中律を使った証明は、心的構成の可能性に基づいているのではなく、まさしく内容の言語的な操作可能性に基づいたものでしかない、とブラウワーは見なす。だが、直観主義数学は、概念的操作や言語的操作のシステムではない。それは、あくまでも心的な構成活動、心的行為のシステムである。だから、心的行為の可能性が、その統辞論的対応物の操作可能性や単なる概念的な可能性に一致する必然性はどこにもない。あえてそれらを一致させるとすれば、それは可能性概念の混同になってしまうであろう。そうした混同を回避するための歯止めが、心的構成とその構成プロセスとの分離不可能性なのである。先の引用において、ブラウワーが数学の無言語性を強調する背景にはこのような見方があると考えられる。(8)

一方、数学は行為だとは言っても、メンタルな行為なのであるから、行為の可能性を保証するものとしての空間は必要ない。必要なのは時間だけだとブラウワーは考える。そこでそのための保証を、彼はカントの時間の直観に求めた。ブラウワーが自らの立場を「直観主義」と呼ぶのはこのためである。引用の後半は、自然数系列の構成、あるいはその基礎となる列の構成が、心的プロセスとしてどのようになされるかの記述に当てられている。

さて、このような考え方に基づいてブラウワーは直観主義数学の建設に乗り出していく。ここでは、直観主義数学の内容そのものには立ち入らない。問題は、ダメットが、このようなブラウワーの考え方のどこに魅力を感じ、何を拒絶したか、である。ある意味で、ダメットとブラウワーは対極的な地点に立っている。ダメットは意味の共有可能性を議論の出発点におくのに対して、ブラウワーはそれを拒否するところから議論を始めているからである。ところが、そうした根本的な相違にもかかわらず、最終的に行き着くところは、どちらも古典的な考え方の拒否なのである。この対比はとてもおもしろい。しかし、いずれにせよ、ダメットが、これほどまでに異質なブラウワーの考えの中に共感できるものを見出したことは確かである。それは何であろうか。

まず、大枠で言えば、ブラウワーの哲学には、プラトニズムを拒否する姿勢がはっきりと示されている。それは、数学的な対象が行為主体の活動とは独立に存在するものではないからである。それらは、われわれによって構成されなくてはならない。第二に、ブラウワーは、数学的真理をそれに到るための体験から分離することはできないと主張する。これは、彼の考える真理の概念が、検証主義的な真理に近い概念であることを示唆している。この体験との分離不可能性は、数学的言明のケースで言えば、その言明の内容がそれを獲得するためのプロセス――証明プロセス――とは切り離せないことを意味するからである(9)。第三に、ブラウワーの直観主義は、古典数学における実践の改訂を要求する。特に、論理的な原理の使用に関しては、排中律の放棄を要求する。これら三つの点は、いずれもダメットの考えの内に対応する論点を見出すことができる。あるいは、単に対応しているというよりもむしろ、ダメット反実在論の根幹をなしている、と言った方がよいかもしれない。この事実は、ダメットがブラウワーの直観主義にどれほど影響を受けたか、そのインパクトの大きさを物語っている。

しかし、直観主義に見てとることのできるこれらの性格は、すでに見たように、数学が言語的記述のシステムとは独立の行為システムだという、ブラウワーの根本的な数学観に基づいている。しかも、ブラウワーの書いたものには、言語によるコミュニケーションの可能性を完全に否定しているように見える主張がいくつも見つかる。(10)このような考え方は、コミュニケーションの可能性を意味理論の基礎におくダメットにとって、とうてい受け入れられるものではない。したがって、ダメットは、上述の直観主義の特徴――プラトニズム（実在論）の拒否、検証主義的真理観、数学や論理の改訂可能性――を保持しながら、ブラウワーに見られるような主観的観念論には陥らない新たな基礎を構成しなければならなかった。第三章において、これがどのような議論になるのかを見てみよう。その前に、直観主義のもう少し技術的な側面を次節で取り上げる。

2　直観主義論理の形成

もし直観主義という立場が、ブラウワーのひどく観念論的な哲学という形でしか考えられなかったとすれば、それをまともな研究対象として取り上げようという人ははるかに少なかったであろう。現在、多くの人が、必ずしもブラウワーには賛成せずに、直観主義を数学の一分野として研究対象とするのは、それが古典的な論理や数学とは異なる形式的な体系として提示されるようになったからである。論理学に関してこの形式化を最初に成し遂げたのが、ハイティンクである。

では、直観主義者が採用する論理とは、どのような論理なのだろうか。通常、直観主義の論理はこういうものですよといって、ハイティンクの公理系が提示される（付録1を参照）。しかし、実際には、その公理系に到達するまでには、一九二〇年代の後半から一九三〇年代の前半にかけて様々な紆余曲折があった。[11] いまは歴史的な研究をしているわけではないから、そうした入り組んだ話の細部に立ち入る必要はないが、重要と思われるいくつかの論点だけは見ておきたい。というのも、われわれは後で、ダメットがなぜ反実在論の論理として直観主義論理を選ぶのかを考えなければならないからである。その鍵になるいくつかのアイデアが、直観主義論理の成立史には含まれている。

まず、直観主義論理の体系を作るにあたって、前提となるべき事柄をまとめておこう。すでに見たように、Brouwer［1908］では、

（1）排中律は妥当ではないが、三段論法と矛盾律は妥当である。[12]

ということが明言されている。したがって、直観主義の論理は、それがどのようなものであれ、排中律を妥当とはしないが、三段論法と矛盾律とを妥当とするような論理でなければならない、ということが帰結する。

一方、排中律が妥当ではないことを示すために、ブラウワーは様々な反例を構成しているが、それらは、今日では「弱い反例（weak counterexample）」と呼ばれるものであって、排中律の否定が成り立つことを示すような反例にはなっていない。したがって、この事実から窺えるのは、

（2）直観主義論理では、排中律の否定が成立するわけではない。

という事実である。(実際、論点先取を犯して言えば、直観主義では排中律の二重否定($\neg\neg(A\vee\neg A)$)が成立する。それゆえ、もし排中律の否定が成立するならば、直観主義論理は矛盾することになってしまう。)

最後にもう一つ。ブラウワーが博士論文で主張していることの一つに、「存在＝構成」というテーゼがある。これは、数学において何かが存在するということは、それが数学的に構成できる、ということにほかならない。ブラウワーはこのテーゼを、ヒルベルトの「存在＝無矛盾」というテーゼ――ある理論が措定するものの存在は、その理論の無矛盾性によって保証されるという考え方――に対抗するために提案した。両者の考え方の違いを見るために、次のような証明を考えてみよう。

問題：x^yが有理数となるような、無理数x, yは存在するか。

証明：$\sqrt{2}^{\sqrt{2}}$を考えよう。それは有理数であるか、無理数であるかのどちらかである。もしそれが有理数ならば、$x=\sqrt{2}$, $y=\sqrt{2}$とおけば、それぞれが無理数なのだから、解が得られたことになる。もし$\sqrt{2}^{\sqrt{2}}$が無理数ならば、$x=\sqrt{2}^{\sqrt{2}}$, $y=\sqrt{2}$とおけば、$x^y=(\sqrt{2}^{\sqrt{2}})^{\sqrt{2}}$となり、これは有理数である。したがって、いずれにせよ問題の条件を満たす無理数x, yの存在が証明された。

ブラウワーの立場からは、この証明は認められない。その理由を考えてみよう。第一に思いつくのは、この証明では排中律（「$\sqrt{2}^{\sqrt{2}}$は有理数であるか、無理数である（有理数でない）かのどちらかである」）が使われているという点である。排中律が直観主義では認められないことはすでに見た。しかし排中律の否定が成立するわけではないから、排中律の使用がいつでも誤りだということにはならない。したがって、ここで重要なのは、この場面での排中律の適用がなぜ妥当ではないか、である。その理由は、排中律のいずれの選言肢（'$A \vee \neg A$'の'A'と'$\neg A$'）についても、われわれはそれを主張するための根拠をもたないからである。すなわち、「$\sqrt{2}^{\sqrt{2}}$が有理数である」と主張するための根拠をわれわれはもたないし、他方、「$\sqrt{2}^{\sqrt{2}}$が無理数である」と主張するための根拠もわれわれはもっていない。したがって、このような選言文に基づいて、問題の条件を満たす無理数の存在を導きだしたとしても、そうした無理数が具体的に構成されたわけでもなければ、それに到達するための実行可能な手続きが与えられたわけでもないのだから、直観主義的にその存在が肯定されたことにはならない。「存在とは構成なり」というテーゼは右のような証明を排除する役割を担っている。

一方、ヒルベルトの立場では、この証明はまったく問題のない証明である。「存在＝無矛盾」というテーゼは、存在するとされるものの具体的な構成を要求しないからである。それゆえ、この考え方を拡大してゆけば、例えば、「何かが存在しない」という仮定から矛盾を導くことによって、その何かが存在するという結論に到ることができる。何かが存在することの保証は、その何かを具体的に構成してみせたり、構成のための手段を提示することにあるのではなく、その存在の仮定が矛盾しないことにのみ求められるからである。これに対し、「存在＝構成」の立場では、存在すると主張されるものを実際に構成してみせるか、もしくはそれを構成するための実行可能な方法が与えられなくてはならない。だから、ブラウワーの立場では、ヒルベルト的な存在の主張を行うことはできない。すなわち、

(3)　$\neg\neg\exists xFx$ から $\exists xFx$ を導くことはできない[13]。

かくして、直観主義の論理を作り上げるとすれば、その体系は少なくとも上記の三つの条件を満足するような論理でなければならないであろう。しかしながら、ここで注意しておかなくてはならないのは、これらの前提は、いわば現在から見て明らかになった前提であり、一九二〇年代の、直観主義論理がとるべき形をめぐる論争の時点で、これらすべてが明確になっていたわけではない、という点である。当時よく知られていたのは、実質的には(1)だけであった。直観主義論理として最初に提案されたのが三値論理であったという事実は、このことを物語っている。しかし、直観主義論理は三値論理ではない。以下でこの点をもう少し究明しよう。

ある論理学の体系を構成するには、その前段階として、その論理ではどういう論理法則が妥当かについて一定の読みがなくてはならない。言い換えれば、その論理で使われる論理結合子や量化子について(非形式的であるにせよ)一定の解釈がなくてはならないであろう。直観主義論理の場合ももちろん例外ではなく、その形式化に先立って、ハイティンクは論理結合子についての直観主義的な説明

に到達していた。現在、この説明はBHK解釈[14]（あるいは、証明解釈）と呼ばれている。では、ハイティンクはどうやってその解釈に到ったのか。彼はその出発点を次のように述べている。

もっとはっきりとした解明を行うために、数学的命題 p は、一定の与えられた諸性質をもった数学的構成をつねに要求する、ということを思いだそう。つまり、そうした構成が実行されて初めて、その命題が主張されうる。この場合に、その構成は命題 p を証明すると言われ、われわれはそれを p の証明と呼ぶ[15]。

ここで注意しなければならないのは、「命題」と「主張」の区別である。この区別は、フレーゲの判断と判断以前の文の区別を想起させるが、ハイティンクは、数学があくまで心的構成活動だというブラウワーの考えと、命題を期待 expectation ないし意図 intention とし、命題の主張をそうした期待や意図の充足 fulfilment と捉える現象学の考えとを結合することによって、こうした見方へと到ったのである。ハイティンク自身は、これを次のように説明している。「数学的命題は一定の期待を表現する。例えば、命題「オイラーの定数は有理数である」は、$C=a/b$ となるような二つの整数 a と b をわれわれが見出せるであろう、という期待を表現する。たぶん、現象学者たちによって作られた「意図（ないし志向）」という語の方が、ここで言わんとしていることをよりよく表すであろう。…命題の肯定は意図の充足を意味する。」

しかしながら、命題と主張とを区別するだけで、右のような見解が得られるわけではない。数学的な構成そのものが、同時に、その構成によって得られる定理の証明でもあるということが確認されなくてはならない。ハイティンクはこれを次のように言う。

数学が心的構成からなるとすれば、数学のすべての定理は、うまくいった構成結果の表現だ、ということになる。定理の証明はこの構成そのものからなっており、証明の各ステップは数学的構成の各ステップと同じである。(16)

したがって、直観主義においては、ある命題の真理は、その命題が主張できるということであり、そしてそれが主張できるということは、その命題によって要求される構成（証明）を実行できる、ということにほかならない。すなわち、

命題pが真である⇔$\exists c$（cは命題pの証明である）

という図式が成立する。しかしながら、この定式化の中にある（メタレベルの）存在量化子はどのように解釈されるべきであろうか。ここは、直観主義者の中でも（あるいは「構成主義者の中でも」と言った方が適切か）、見解が分かれるところである。ハイティンクは、これをまさしく直観主義的に、

すなわち、単にそういう証明が存在するというのではなく、われわれがそれを入手しているか、もしくは入手するための実際に適用可能な方法をもつことを意味する、と解釈する。[17]

以上のような考察に基づいて、ハイティングは、論理結合子について、次のような解釈を与える。

（1） 構成pが$\phi\wedge\psi$の証明であるのは、$p=\langle p_1, p_2\rangle$であり、$p_1$が$\phi$の証明であり、かつ$p_2$が$\psi$の証明であるとき、そのときにかぎる。

（2） 構成pが$\phi\vee\psi$の証明であるのは、$p=\langle p_1, p_2\rangle$であり、$p_1=0$かつ$p_2$が$\phi$の証明であるか、$p_1=1$かつ$p_2$が$\psi$の証明であるとき、そのときにかぎる。

（3） 構成p_1が$\phi\rightarrow\psi$の証明であるのは、ϕの証明であるあらゆる構成p_2に関して、$p_1(p_2)$がψの証明であるとき、そのときにかぎる。

（4） いかなる構成も$\perp$の証明ではない。[18]

（5） 構成pが$\exists x\phi(x)$の証明であるのは、$p=\langle p_1, p_2\rangle$であり、$p_2\in D$に対して、$p_1$が$\phi(p_2)$の証明であるとき、そのときにかぎる。

（6） 構成pが$\forall x\phi(x)$の証明であるのは、すべての$p_1\in D$について、$p(p_1)$が$\phi(p_1)$の証明であるとき、そのときにかぎる。

ここに否定がでてこないのは、直観主義では否定が矛盾記号$\perp$と$\rightarrow$から定義できるからである。例えば、¬Aは、A→⊥と表せる。だから、¬Aを証明する構成は、（3）に基づいて、Aの任意の証明に作用して⊥へともたらすような構成だ、ということになる。

いくらか補足をしておきたい。この解釈は、古典論理に対する二値意味論の役割を、直観主義論理に対して果たしているわけではない。つまり、この解釈は、まともな意味論にはいまだなっていない。というのも、第一に、この解釈において使われている「構成」とか「証明」といったタームには明確に定まった意味が与えられていないからである。だから、このままでは、直観主義論理の完全性なり何なりを証明するための意味論としては使えない[19]。

さらに大きな問題として、この解釈は、いくつかの結合子に関して、非述語的な解釈になっている[20]。これがどういうことかを説明しよう。いま、ある一階の理論が与えられて、さらに原子命題を証明する構成がどういう構成であるかがわかっているとしよう。その上で、与えられた条件命題、例えば'A→B'を証明しなければならないとする。これを証明するということは、その証明に相当する構成を行うことである。では、その構成はどのようなタイプの構成でなければならないのだろうか。BHK解釈に従えば、それは、前件Aの任意の証明p_2が与えられたとき、そのp_2に作用して後件Bの証明を生み出す、そのようなp_1でなければならない。問題は、そのようなp_1の構成にあたって、われわれは「前件Aの任意の証明」を考えなければならない、という点にある。このことは、Aのあらゆる証明を含めた構成領域全体の把握をわれわれに要求するように思われる。というのも、Aの証明となっている構成の全体だけが前もって確定しているということは考えられないからである。もしそうだとすれば、その構成領域の全体にはわれわれがいま条件命題'$A \to B$'について行おうとしている証明あるいは構成自体も含まれていることになるであろう。この意味でＢＨＫ解釈は非述語的である。[21]

けれども、ＢＨＫ解釈が、いま述べた理由から十全な意味論にはなっていないとしても、一定の論理法則が直観主義的に妥当であるか否かを判別するためにこれを使うことはできる。例えば、直観主義論理では $A \to \neg\neg A$ は妥当である。このことは次のようにして示される。まず、直観主義では、$\neg A$ は、$A \to \bot$ として表現されることに注意しておこう。したがって、$\neg\neg A$ が $\neg A \to \bot$ によって、さらには $\neg A \to \bot$ は $(A \to \bot) \to \bot$ によって表現できる。いま、p が A の証明であり、q が $\neg A$ の証明だとする（以下ではこれを、簡単に $p: A, q: \neg A$ と書き表すことにする）。このとき、q は A の任意の証明に作用して $\bot$ を生み出す操作だということに注意すれば（というのも $\neg A$ は $A \to \bot$ なのだから）、$q(p)$ が $\bot$ の証明だということがわかる（すなわち、$q(p): \bot$）。このとき、$\lambda q.q(p): \neg\neg A$ である。ここで λq は、$\lambda q.q(p)$ 全体が q についての関数だということを表すための装置である。したがって、関数 $\lambda q.q(p)$ は、これに $\neg A$ の証明である q を入力すれば、$q(p)$ を返すような関数だということがわかる。$q(p)$ は $\bot$ の証明なのだから、$\lambda q.q(p): \neg\neg A$ が納得できるはずである。そこで、この関数からもう一回アブストラクションをやって、$\lambda p \lambda q.q(p)$ を作れば、これが、A の証明である p を入力すれば $\neg\neg A$ を返す関数であることがわかる。以上によって、$A \to \neg\neg A$ を証明するための構成がどのように構成されればよいか、その図式が示されたのだから $A \to \neg\neg A$ が直観主義的に妥当だということが判明する。

では、排中律 $A \lor \neg A$ についてはどうか。BHK解釈によれば、選言命題を証明する構成は、順序対 $\langle p_1, p_2 \rangle$ であり、p_1 は選言肢のどちらが正しいかの情報をもたらし、p_2 は、その情報に基づいて正しい方を証明するような構成である。いま、排中律を証明するような構成 p があるとすれば、$p = \langle p_1, p_2 \rangle$ であり、$p_1 = 0$ かつ $p_2 : A$ か、または $p_1 = 1$ かつ $p_2 : \neg A$ でなければならない。しかし任意の命題 A について、A が証明をもつとも、$\neg A$ が証明をもつとも知られているわけではないから、p_1 は計算不能である。したがって、排中律 $A \lor \neg A$ の証明は存在しない。

しかしこの最後の「証明」は、どこかしら循環論法的だと感じられるかもしれない。たぶん問題は、「任意の命題 A について、A が証明をもつとも、$\neg A$ が証明をもつとも知られているわけではないから」という部分であろう。こう主張できること自体が排中律が成立しないということをあらかじめ前提にしているように見える。けれども、よく考えてみれば、これは循環論法ではない。強調すべき点は「知られている」という部分である。実際、われわれに知られていない、あるいは証明されていない命題はいくらでもある。ブラウワーがしばしば取り上げる「π の小数展開に7が連続して9回現れる」という例などは、そのような知られていない命題の具体例である。

さて、いま「知られている」という部分を強調したのには理由がある。ここのところで、ハイティンクの考える直観主義とブラウワー的な直観主義との重要な相違があらわになるからである。たぶんブラウワーならば「知られている」の代わりに、「心的構成活動として体験される」のような言い方をするであろう。[22] ハイティンクにしても、数学が心的な構成活動だということを承認しているのだから、この言い方の違いには大した違いはない、と考えられるかもしれない。しかし、「知られる」への変更はブラウワーからのもう少し大きな離反を意味している。ハイティンクは、この変更によって直観主義論理を「認識の論理」と規定し、「存在の論理」である古典論理に対して証拠的な制約を課そうとする。直観主義論理は、証拠や根拠をもって主張できる事柄についての論理、われわれに認識された事柄に関する論理だ、というわけである。このような理解は、直観主義論理と古典論理とが、同じ数学についての異なる側面を捉えた論理だという見方を開く。古典論理が、無矛盾性という制約だけに基づいて、その存在の可能性を究極まで押し広げようとする論理なのに対して、直観主義論理はあくまで認識的制約のもとで構成的側面を捉えようとする論理だ、ということになるであろう。もちろん、ハイティンクは、あからさまにこうした折衷的な観点を提示しているわけではない。彼は、数学が論理に先行するというテーゼにつねに配慮しながら形式化を進めているし、できあがった体系も固定的なシステムではなく、オープンエンデッドなものであることを強調することによって、ブラウワー的直観主義に忠実であろうとする。けれども、ハイティンクが、直観主義の理解可能性を強調するあまり、論理や数学の改訂可能性を背後に退かせてしまったというのも、たしかなのである。

話をもとに戻そう。ハイティンクは、以上のようなBHK解釈に基づいて、一九二八年に直観主義論理の形式的体系を公表した（付録1を参照）。実際の作業は、ラッセル・ホワイトヘッドの『プリンピキア』の体系で直観主義的に成立するものとしないものとを判別することによって進められたようである。また、歴史的にも、BHK解釈が上述のような形にまとめられたのは、論理の形式化よりもかなり後である。しかし、そうした解釈の原型が、直観主義的に成立する命題の判別に関して一定の役割を果たしたことはまちがいない。

このようにして成立した直観主義の論理は、結果的に三値論理ではなかったし、有限の多値論理ですらなかった。この事実はゲーデルによって証明されている。この証明のポイントをごく簡単に見ておこう。もし直観主義論理が三値論理であったとすれば、三値の真理表をうまく工夫することによって、直観主義で妥当なすべての論理式に値1（真に相当する）を割り当て、妥当でない論理式は1以外の値をとることが示せるはずである。しかし、これができない。より正確に言えば、後半の妥当でない式の反駁ができない。というのも、四値論理では値1をとらないのに、三値論理では値1をとる、そういう式が構成できてしまうからである。そのような式を構成するには、命題記号を四つ、例えば p_1、p_2、p_3、p_4 を用意すればよい。その上で、$p_i \longleftrightarrow p_j$（ただし、$i \neq j$）という形の式を構成し、これらをすべて∨でつないでやる。つまり、

$$(p_1 \longleftrightarrow p_2) \vee (p_2 \longleftrightarrow p_3) \vee \dots \vee (p_3 \longleftrightarrow p_4)$$

のような式をつくるのである。からくりは、命題記号が四つあるのに、値は三つしかないというところにある。もし命題記号が三つだったとすれば、どの命題記号にも異なった値を割り振ることができる。$p_i \longleftrightarrow p_j$ が値1をとるのは、同値記号の両辺が同じ値のときだとしてやれば、選言肢のすべてが

1ではなく、したがって構成された命題は1をとらない。しかし命題記号が四つで、真理値が三つならば、どれか二つの命題記号には同じ値が割り振られなければならず、その場合、選言肢の一つは必ず値1をとるから、選言全体も1になる。この手法はいくらでも命題記号の数を増やしてやることができるのだから、直観主義論理を有限の多値論理で特徴づけることはできない、ということが帰結するのである。

ところで、現在、直観主義論理を考察するときに、このハイティンクの公理系（ヒルベルト・スタイルの公理系と呼ばれる）が直接取り扱われることはあまりない。むしろ、ゲンツェンによって開発された自然演繹の体系や sequent 計算と呼ばれる体系として形式化された直観主義論理（付録2を参照）を扱うのが一般的である。特に、これらの体系がもつ特別な性質のいくつかが、ダメットの反実在論的洞察の重要な源泉だということは強調しておく必要がある。

3　反実在論の論理は何であるべきか

前節の最後で、直観主義論理の形成の話にかこつけて言及したのは、直観主義に対するブラウワーとハイティンクのスタンスの違いである。ダメットの反実在論は、この点で言えば、論理を証拠制約的・認識制約的な観点から捉えるというハイティンクの立場を引き継ぎながらも、その一方で、ブラウワー的に古典的な実践の改訂をもくろむという、かなりきわどい立場である。しかし、このきわどさを追究する前に、反実在論の論理がなぜ直観主義論理でなければならないのか、これについて、ダメットがどういう議論をしているのかを見ておこう。ダメットは、ハイティンクとは別立ての議論を用意する必要がある。というのも、ハイティンクの論理が数学に限定された論理であり、そこでは、証明や構成という概念が少なくとも非形式的には一定の意味をもつのに対して、反実在論は数学限定ではなく、言明一般に関わるからである。その場合、「証明」の概念は必ずしも対応するものをもたないであろう。さらに、ダメットとしては、数学の場合であっても、「心的構成」のような心理主義につながりかねない概念によって論理結合子の意味を説明することは避けなければならないはずである。

とはいえ、反実在論の論理がどのような論理になるのかを見るためには、その前に「反実在論」がどのような立場であるのかを明らかにしなくてはならない。これまで、反実在論の特徴づけについては何も語ってはこなかったからである。しかし、それをここで十分な形で行うことはできれば避けたい。というのも、最終的にダメットが到達した反実在論の形を示すには、かなりのページが必要だし、まだそのための準備も足りないからである。だから、最終的な形を論ずるのは先送りして、ここでは、ダメットが論文「真理」において採用した反実在論の規定を暫定的なものとして述べておくことにしたい。

初期の論文「真理」において、ダメットが標的としているのは、実在論的な真理概念に基づいた意味理論である。ダメットは、そのような意味理論を採用する立場が実在論だ、と考え、それが維持しがたい立場であること、意味理論として満たさなければならない制約を満たせないという意味で、不整合な立場なのだ、という主張を展開する。この議論が全体としてうまくいっているかどうか、この点はいまはどうでもよい。問題は、実在論を特徴づけるのに使っている「実在論的な真理概念」がどういうものか、である。ダメットは、その規準として、真理概念が二値原理（principle of bivalence）に従うか否かという規準を提出する。もしその意味理論で使われる真理概念が二値原理に従うならば、それは実在論的なのである。したがって、「反実在論」とはいかなる立場であるかという問いに対して、暫定的ではあるけれども、

という風に特徴づけておくことができる。当分は、反実在論をこのように押さえて話を進める。

反実在論＝二値原理の拒否

上の特徴づけで使われている「二値原理」というのは、すべての言明は真か偽かのいずれかだ、という原理である。これは、今後しばしば言及される原理だから、ここで少し丁寧に説明しておきたい。二値原理は、いま述べたように、言明の真理値に関する原理なのだから、意味論における原理であり、この原理に対応する論理法則が排中律 $A \vee \neg A$ である。大事なのは、意味論的原理と、それに対応する統辞論レベルの論理法則とをはっきりと区別しておくことである。というのも、対応するとは言っても、これらは同値なわけではないからである。もし二値原理を受け入れるならば、そのとき、排

中律は成り立つ。どの言明も真か偽かのいずれかであるならば、そして否定が真理値を逆転させる働きをもつならば、Aは真か偽かのどちらかであり、そのとき、「または∨」の意味からして$A \vee \neg A$はつねに成り立つであろう。言い換えれば、二値原理を受け入れることは、二値意味論を採用することであり、その二値意味論のもとでは排中律が成立する。しかし、この逆は言えない。ある論理で排中律が成り立つからと言って、そのときその意味論が二値原理を成り立たしめる意味論であるとはかぎらないからである。ダメットがしばしば取り上げる例に言及すれば、量子論理がそのような論理の一例である。量子論理では、排中律は成立するが、意味論は二値意味論ではない。

さて、この節の課題はこうである。反実在論が二値原理を拒否するとして、そのことからどうして反実在論の論理が直観主義論理でなければならないということが出てくるのか。いま、議論の前提として、多義的であったり、あいまいであったりする言明は一切除外しておくことにしよう。多義性やあいまいさが二値原理への反論になりうることは明らかだが、ここではこの問題には触れない。しかしそれらを除外しても、二値原理が成立しないと主張するための論拠はいくらでもある。

例えば、ストローソンの存在前提 presupposition の考え方——指示対象をもたない単称名辞を含む言明は真でも偽でもない——は、そのような論拠の一つである。彼によれば、われわれが「国連の事務総長はガーナ出身である」と主張するとき、そうした主張は、名辞「国連の事務総長」によって指示される対象が存在することを前提にして、なされている。実際にその前提が満たされているならば、その指示対象が述語づけられた性質をもつか否かに応じて、主張された文は真になったり偽になったりする。しかし、もし「現代のフランス王ははげている」のように単称名辞「現代のフランス王」が指示対象をもたないならば、つまり存在前提が満たされていないならば、この言明は真でも偽でもない、というのである。フレーゲもまたこれに似た考えを抱いていたことが知られている。こういう指示対象を欠いた名辞を含む言明については、ラッセルの記述理論があるではないかとおもわれるかもしれない。ストローソンは、それを承知の上で、記述理論の不満足な点をあばき、ラッセルの考え方に反対するために存在前提という考え方を提案している。われわれにとっていま重要なのは、ラッセルの分析が正しいのか、あるいはストローソン・フレーゲの分析が正しいのかではなく、ストローソンのこの考え方が二値原理の拒否をもたらすという点である。もし二値原理を認めない真理概念を採用することが、反実在論の立場に立つことであるならば、ストローソンの立場は反実在論だ、ということになる。しかし、ストローソンは存在前提の理論によって実質的に二値原理を拒否する一方で、直観主義論理の採用を考えているわけではない。

たぶん、ストローソンの論理、あるいは指示対象をもたない単称名辞を含む言明の論理は、真理値のすきま (truth-value gap) を認めるような論理になるか、真偽の他に第三の値を認める三値論理になるかであろう。したがって、二値原理を拒否することが反実在論の性格規定であるとすれば、反実在論の論理がただちに直観主義論理だということは出てこない。いま述べた、指示対象をもたない言明の論理を含めて、二値原理を拒否するが、しかし直観主義的ではない様々な論理が考えられるからである。だから、反実在論の論理が直観主義論理でなければならないと主張したいならば、ダメットとしては、直観主義論理へと導くような反実在論と、そうではない反実在論との相違を何らかの形で示し、前者の方が後者よりも優位にあること――例えば、より斉合的だとか、説得的であるとか――を論ずる必要がある。

ダメットは「真理」においてそのような議論（として理解できるような議論）を行っている。だが、これがかなりやっかいな議論なのである。けれどもやっかいだからといって飛ばしてしまうわけにもいかない。この議論は、ダメット的反実在論の出発点でもあるし、後に展開されるアイデアがいくつも詰まっているからである。そこで、一気には行かずに、大まかな筋道から考えてみたい。彼の言わんとするところは、相当ラフに言えば、こうである。「真である」、「偽である」に加えて、「真でも偽でもない」という第三の選択肢は、意味論のレベルではもちろん一定の役割を果たすものの、言語の実際の使用場面における主張のレベルでは何の役割も果たしていない。われわれが、言明によって主張された内容を把握するためには、真と偽、あるいは「正しい」と「正しくない」の二分類だけが必要なのであって、主張の内容把握に関しては第三の選択肢は必要ないのである。前節で、直観主義論理の解釈の出発点が、命題とその主張の区別にあったことを思い出してもらいたい。その区別で言えば、かりに第三の選択肢を設けたとしても、それは命題の次元には作用するが、主張の次元には作用しないのだ、と言い換えてもよいであろう。第三の選択肢を設けることは、いわば主張という現実の言語使用レベルには効いてこない。これに対し、直観主義論理の解釈は、最初から主張という言語使用レベルの解釈であって、その意味で、前者の（第三の領域を認める）反実在論は、（使用レベルには届かないという意味で）皮相な反実在論だが、後者はディープな反実在論だ、というわけである。[23]

では、このような評価に到るための議論はどのようになっているのだろうか。ここはわかりやすさのために、いくつかの段階に分けて細部の議論を見ていこう。議論の全体は次のような三つの論証からなっている。

（1）ことばの使用という実践のレベルでは、言明によって主張された内容を把握するためには、真と偽、あるいは「正しい」と「正しくない」の二分類だけが必要であり、第三の選択肢は必要ない。

（2）第三の選択肢、つまり「真でも偽でもない」という選択肢は、意味論のレベル、より正確に言えば、合成原理を維持するという意味論の一局面では一定の役割を果たしているものの、主張のレベルでは何の役割も果たしていない。

（3）直観主義論理の解釈は、（2）のような意味論の一局面にかかわる解釈ではなく、直接言語の使用レベルについての解釈になっている。

まず（1）である。ダメットはこの主張を次のように述べている。

一つの言明は、それが曖昧であったり漠然としていたりしないかぎり、すべての可能的事態をちょうど二つのクラスに分けるだけである。ある事態に対してその言明が使われる仕方は、つぎのいずれかである。すなわち、その言明を主張した人が、もしその事態を一つの可能性として見込んでいてそうしたとすれば、その人はミスリーディングな話し方をしたと見做されるか、それとも、その言明を主張しても、それがその可能性を話し手の方で排除したことの表明とは見做されないか、である。もし第一の種類の事態が成り立つならば、その言明は偽である。もし現実のすべての事態が第二の種類のものならば、その言明は真である。(24)

しかしこの引用はそれ自体ではとても理解できる代物ではない。論文「真理」では、この引用の後にストローソンの存在前提の話が続き、その検討を経た後で初めて、上の文章の具体的解釈が示されている。われわれもその流れに沿って話の筋を追っていこう。

ダメットの意味に関する議論の一つの特徴は、表現や文の意味に違いがあるとすれば、その違いはその表現を用いる人の振る舞いのレベルにおいて表にあらわれてこなければならない、と考える点にある。この要求は、後に表出論証 manifestation argument として、もっと洗練された形で定式化されることになるが、さしあたりは、ある表現の意味を理解している人とそうでない人との間には振る舞いの上で何らかの違いが生ずるはずだ、という程度の理解でよしとしよう。こう言うと、ダメットは行動主義的な還元主義を採っているのではないかと考えられるかもしれないが、それはまったく違う。しかし、それが違うことのきちんとした話は第四章で扱うことにしたい。

ここでの問題はこうである。ある言明を真とする人とその言明を偽とする人では、彼らの振る舞いに何らかの違いがあるはずだ。つまり、ある言明を真とするか、偽とするかは、言語使用の場面において何らかの異なる帰結をもたらすはずである。では、ある言明を「真でも偽でもない」と分類することは、言語使用の場面において同様の認知可能な帰結をもたらすだろうか。

上の引用では、「真でも偽でもない」への分類がそうした帰結をもたらさないということが論じられている。もう少し正確に言えば、「真でも偽でもない」への分類をもっていたとしても、言語使用の場面では、真・偽二分類だけで十分だということが引用で述べられている。では、意味論的に三分類をもちながら、言語使用の場面では二分類になるという事態は、一体、いかなるメカニズムに基づいて生ずるのだろうか。

ダメットはそれを、ストローソン・フレーゲ流の存在前提に基づいて生まれる「真でも偽でもない」と、前件が偽のときには条件法の全体が「真でも偽でもない」と解釈されるような特別な条件法での「真でも偽でもない」とを対比することによって、説明している。「真でも偽でもない」という第三の選択肢はどれも同じというわけではなく、ここには少なくとも二種類の異なった働きをする「真でも偽でもない」がある、というのである。一方は、その言明に含まれる単称名辞が指示対象をもたないために生ずる「真でも偽でもない」であり、もう一方は、「*P* ならば *Q*」の「*P*」が偽である場合に、後件の真理値いかんに関わらず言明全体が「真でも偽でもない」とされるケースである。この後者のケースは、通常の真理関数的な条件法とは異なっているが、なにもこの条件法解釈が正しいと主張したいわけではなく、とりあえずそのような特殊な条件法をわれわれが使用しているのだ、という仮定で考えれば十分である。

最初の「真でも偽でもない」の場合から見てみよう。もし言明に含まれる単称名辞が指示対象をもつならば、述語がその対象に当てはまるか否かに応じて、その言明は真または偽になる。もし、その単称名辞が指示対象をもたないならば、その言明によって、真であったり偽であったりするような事柄は何も語られていない。ストローソン・フレーゲ流の意味論から、われわれはここまではわかる。しかし、この意味論によって、その言明の意味――「それらの言明がどのように使われるか、それらのかたちの言明をなすことによって何がなされるか[25]」――が教えられたことになるのかと言えば、それは「全然ならない」とダメットは言う。現実の言語使用の場面において、当の単称名辞を含む言明を「真でも偽でもない」に分類することにいかなるポイントがあるかが、この意味論だけからは判明しないからである[26]。

そこで、特別な条件法との対比が重要になる。いま、われわれは、単称名辞を含む言明と特別な条件法言明とを実際に使用する場面を考えなくてはならない。通常われわれは、言明を発話するにあたって、発される言明が真であることを見込んでそうする。たまたま、その言明が誤っていると判明することがあるにしても、人を欺いたり、嘘をつこうとしているのではないかぎり、われわれは真であることを見込んで言明を発話する。このとき、かりに「真でも偽でもない」を見込んで発話するということがどういうことかを考えてみよう。条件法のケースでは、その「真でも偽でもない」可能性を見込んで発話することは、発話に関して何の影響ももたらさない。というのも、そうした条件法を発話することのポイントは、偽になる可能性を排除することにあるからである。条件法を発話する人が、もしかすると前件は偽かもしれないと考えていたとしよう。それでも、当の条件法言明を発話することに何の支障もない。その言明を発することによって目指されているのは、前件が真なのに後件が偽であるようなケースを排除することだからである。この場合、「真でも偽でもない」ケースは、発話がうまくなされたケースに含まれてしまうと見ることができよう。

一方、単称名辞のケースはこれとは異なる。もしそれを発話する者が、「真でも偽でもない」ケース、すなわち指示されている対象が存在しない可能性を見込んでいたとすれば、「かれはその言明をはっきり誤って使っているか、聞き手を誤解させているかなのである(27)」。というのも、単称名辞を含む言明を発話することのポイントは、偽なケースを排除するとともに、「真でも偽でもない」ケース、つまり指示されるものが存在しないような事態をも排除することにあるからである。したがって、この場合、「真でも偽でもない」は、偽の場合とともに、発話がうまくなされなかったケースに含まれる。

この対比は次頁のように図示できるかもしれない。左側が特別な条件法で、右側が単称名辞を含む言明である。図の上段は、下段と同じく真・偽ということばが使われているが、言語使用のレベルでの分類を、下段は意味論レベルでの分類を表している。

くどいようだが、先の引用との対応をつけるために、いま述べてきたことをもう一度まとめてお こ

真		偽
真	真でも偽でもない	偽

真	偽	
真	真でも偽でもない	偽

う。引用中の「ある事態」は、「真でも偽でもない」という事態だと読めばよい。すると、そういう「真でも偽でもない」事態を一つの可能性と見込んで、ある言明を発話した場合、二つのケースが生ずる。一つは、ミスリーディングな話し方をしたと見なされるケース、つまりここでは単称名辞を含む言明のケースであり、もう一つは、「その可能性を話し手の方で排除したことの表明とは見なされない」ケース、特別な条件法のケースである。そして、最初のケースでは、それが言語使用レベルでは偽として扱われ、後のケースでは真として扱われるのだから、下位分類の包摂関係に違いはあっても、言語使用レベルでは二分類しかない、ということがわかる。以上が、(1)についてのダメットの議論である。

では、(2)の論証――「真でも偽でもない」という第三の選択肢は、主張のレベルでは何の役割も果たしていないにもかかわらず、意味論のレベルでは一定の役割を果たしているという論証――を見てみよう。(1)での議論から、第三の選択肢「真でも偽でもない」が言語使用の場面では何の役割も果たしていない、というか、「真でも偽でもない」は言語使用という実践のレベルにはそもそも出現してこない、ということはすでにわかった。では、「真でも偽でもない」は、われわれの言語において一体どういう意義をもつのだろうか。先に、それが役割を果たすのは意味論のレベルにおいてだ、ということを述べてきたが、この「意味論のレベル」という言い方はあまり正確ではない。むしろ、あるタイプの言明に関して、その真理値の決定が合成原理に従うことを保証するためだという方

P	Q	$P \Rightarrow Q$	$\sim(P \Rightarrow Q)$
T	T	T	F
T	F	F	T
F	T	X	X
F	F	X	X

P	Q	$P \Rightarrow Q$	$\sim(P \Rightarrow Q)$
T	T	T	F
T	F	F	T
F	T	T	T
F	F	T	T

が適切であろう。ダメットはこれを次のような例を用いてみごとに説明している。いま、条件法'$\Rightarrow$'をもつ言語に、否定に相当する'$\sim$'が導入されたとしよう。この擬似否定'$\sim$'が否定に相当すると言えるのは、条件法以外の言明に作用する場合には、もとの言明に矛盾する言明を作り出すからである。しかし、この'$\sim$'は、条件法'$P \Rightarrow Q$'に作用するときには、いささか奇妙な振る舞いをする。この擬似否定によって形成される'$\sim(P \Rightarrow Q)$'は、通常の真理関数的な'$(P \rightarrow \neg Q)$'と同様の仕方で使用される言明になっているのである。このような想像上の言語を考えた上で、この'$\sim(P \Rightarrow Q)$'がどのように振る舞うかを、真理関数的に記述してみよう。すると、その真理表は上の右側のようになる。

この表で問題になるのは、'$\sim(P \Rightarrow Q)$'という言明の真理値が、そのパーツ表現（この場合は'$P \Rightarrow Q$'）の真理値からは一意に決まらない、という点である。一意に決まるためには、パーツの真理値が例えばTだとすれば、その場合には必ずそのパーツを含む言明全体は同じ値をもたなければならない。ところが、表の一行目と三行目を比べてみればわかるように、パーツの値がどちらもTであるにもかかわらず、言明全体の値は異なってしまっている。それゆえ、この真理表では合成原理が成立していないことがわかる。

そこで、このケースに第三の選択肢「真でも偽でもない」に相当する値としてX

を導入して、新たに真理表を作り直してみよう。（ただし、P、QはT、Fという値しかとらないと仮定する。）すると、'$P \Rightarrow Q$' 自体も先ほどの特別な条件法として扱われることになって、前頁左側のような表ができあがる。

今度は、第三の選択肢「真でも偽でもない」を導入したおかげで、'$\sim(P \Rightarrow Q)$' の真理値は、パーツの真理値から一意に決まるようになっている。ダメットがここから引き出す結論はこうである。二分類に代わって三分類を導入することは、「それがいかに自然と思われようと、演算子によって構成された複合的言明の形成に真理関数的説明を与えるために必要な場合にかぎり、正当化される」[28]。逆に言えば、「真でも偽でもない」という選択肢は、複合言明の真理値がパーツの真理値から一意に決定される、そのための仕掛けとしての役割しか果たしていないのであって[29]、言語使用の実践には表立って出現することはないのである。

こうして、「真でも偽でもない」領域を設けることによって二値原理を拒否するタイプの議論は、言明の意味の説明――それらの言明がどのように使われるか、それらのかたちの言明をなすことによって何がなされるかの説明――に関しては、一定の限定された役割しか果たしていない、ということがわかった。それゆえ、二値原理の拒否という点でそれらが反実在論的傾向をもつとしても、その反実在論は言明の使用という実践のレベルにまでは及ばない。その意味で、こうした反実在論は皮相な反実在論だとされるのである。では、（3）の議論、直観主義論理の採用へと導く反実在論の方はそうした皮相な反実在論ではないという点はいかに主張できるであろうか。

これについてのダメットの議論は、思ったよりも簡単であり、ごく単純な観察に基づいている。彼の主要な論点は、論理結合子についての直観主義的な理解の仕方が、それ自体ですでに、言語使用レベルにおける主張の正当化と見なされるべきものに基づいている、という点にある。例えば、存在言明は、直観主義論理の解釈では、まさにその言明によって存在が主張されているところのものを構成するか、構成の手段を提示する、そのような仕方で理解されなくてはならなかった。これは、ダメットによれば、「存在言明の主張を正当化すると見なされるべきだ、とわれわれが教えられてきた種類の事実」によって存在記号の意味が決定されるということにほかならない。その意味で、直観主義論理の解釈は、最初から、主張という言語使用のレベルでの解釈になっているのであって、二値原理の拒否は、これまで見てきた例とは逆に、そうした解釈からの帰結なのである。[30] この点で、直観主義的な反実在論は、第三の選択肢を設ける型の反実在論とは根本的に異なったものと考えられなくてはならない。これが（3）についての大まかな解答である。したがって、以上の（1）―（3）の議論が全体として正しいとすれば、二値原理の拒否を主要な特徴とする反実在論は、それが皮相な型の反実在論でないとすれば、直観主義論理の採用へと向かわねばならない、ということが帰結するであろう。

では、われわれはダメットの以上の議論をどのように評価すべきであろうか。注意しておかなければならないのは、この議論が反実在論そのものを正当化する議論ではないことである。もちろん、論文「真理」には、二値原理を採用する立場としての実在論を拒否し、反実在論を採るべきだという議論が含まれている。けれども、ここで取り上げた議論は、そういう議論ではなく、二値原理を拒否する反実在論がなぜ直観主義論理を採用しなければならないか、についての議論であった。それを踏まえて言えば、ここでのダメットの議論は、反実在論者は直観主義論理の採用へと向かうべきだとする決定的な論証にはなっていないように思われる。そう思われる理由は二つある。まず第一に、二値原理の採否が実在論–反実在論を区別する唯一の規準だという考えをダメット自身が後に放棄しているからである。もし反実在論の規準としてそれ以外のものがあるとすれば、その新たな規準と直観主義論理との関係を問題にしなくてはならないはずである。第二に、かりに二値原理の放棄が反実在論の唯一の規準であるとしても、ストローソン・フレーゲ路線や特別な条件法解釈の二つによって、直観主義へとは向かわないすべての立場が尽くされたことにはならないからである。けれども、ここでのダメットの議論が決定的ではないとしても、だからといって、誤っているというわけでは必ずしもない。ここで結論を急ぐ必要はない。というのも、ダメットの議論が、ここで述べたような形で――つまり、反実在論の論理が直観主義論理であることの正当化の議論として――きちんと理解されてきたかどうかはかなり怪しいし、これまでにその議論の妥当性について十分な検討が加えられてきたわけでもないからである。

さて、この節では、ダメットの「真理」における議論を見てきた。ここで述べられた内容はダメットの主張に沿ったものであるが、その説明の順序はダメットの順序とは逆である。われわれは、まず反実在論とされる立場があって、その立場に立つならば、論理がどのような論理でなければならないか、という方向で考えてきた。こういう方向の方が、議論の筋道を追いやすいと考えたからであり、また、そういう方向でダメットを理解することも（少なくとも「真理」という論文の一部分については）可能だろうと考えたからである。しかし、ダメット自身の公式の方向はこれとは違う。最後に、この点を確認して、次章へのつなぎとしよう。

ダメットの議論の本来の出発点は、意味についての一般的考察である。そのような考察の結果として、意味の理論としてこれまでもっとも有望と考えられてきた真理条件的な意味理論の欠陥があらわになってくる。では、その欠陥はどこに位置づけられるのか。ダメットが指摘するのは、欠陥の源泉はそのような意味理論の基礎にある二値意味論であり、そうした二値意味論の基本前提としての二値原理だ、ということである。したがって、意味理論として欠陥のないものを構成しようとすれば、われわれは二値原理を拒否せざるを得ないことになる。二値原理を拒否する立場としての反実在論は、そのようなあくまでも意味に関する考察の結果として導かれるものであって、最初から反実在論の採用が宣言されているわけではない。次章では、この方向のダメットの議論が実際にどのようなものになるかを詳しく見ていこう。

第三章　論理の改訂はいかにして可能か

ダメットにとって、ブラウワーの直観主義はとても受け入れられるような数学の哲学ではなかった。そこから帰結するいくつかの特徴は、直観主義のもつ潜在的な説得力を窺わせるような特徴ではあったにしても、その主観的・神秘主義的側面はいかんともしがたい。そこで、ダメットは、一方で、数学の論理として直観主義論理を採用し、古典論理的な推論実践を拒否することに同意しつつも、その結論へと到る哲学的議論をまったく新たに作り直さなければならなかった。それがどういう議論になるか、つまりダメット流の直観主義がどのような形の議論であるかが次の課題である。ダメットの直観主義は彼の反実在論の基本的なモデルになっている。それは、数学の文脈に限定されている分だけ、いくぶんすっきりしており、言明一般に関する反実在論の基本構造を理解するにはうってつけである。

しかしながら、ダメットの直観主義に関する議論は、その本論に到る前にいくらか回りくどいステップを踏まなくてはならない。というのも、古典論理を拒否し直観主義論理を支持する、そういう議論を始める前に、そもそも論理の改訂は不可能だという考えや、論理が改訂可能だとしても、改訂する必要はないという考えがあって、最初にそれらを論駁しておかなければならないからである。だから、ダメットの議論は、（1）論理の改訂を不可能とするタイプの議論を排除するための論証、（2）古典的な真理条件的意味論がなぜ維持できないかを示す論証（ネガティヴ・プログラム）、（3）直観主義論理がなぜ数学の論理として適切であるか、あるいは検証条件に基づく意味理論が意味理論としてほんとうに適切であるか否かを示す論証（ポジティヴ・プログラム）、の三つから成り立っている。これらのうち、最初の（1）の議論の構造をできるかぎり明確にしめすこと、これがこの章の課題である。

1　演繹の正当化

現にわれわれが行っている論理的実践を改訂することはいかにして可能なのか、これがこの節で検討する課題である。これが問題になるのは、上述の（2）と（3）の論証——古典論理の基礎にある真理条件的意味理論が不適格であり、それゆえ古典論理的実践を直観主義論理によって置き換えるべきだという論証——を行うために、ダメットは「意味は使用である」というスローガンに訴えるからである。この「意味は使用である」あるいは「意味は使い方によって余すところなく決定される」という主張は、意味理論がとるべき形を制約する、ダメットにとって最も基本的な条件の一つである。この基本条件から派生する制約がどのようなもので、それを満たす意味理論の形がどういったものになるかはもう少し後で検討する。しかし、その前に「意味は使用である」というスローガンが、一見したところダメットの構想に引き起こすように思われる困難を見ておかなくてはならない。というのも、「意味は使用だ」とか「意味は使い方によって余すところなく決定される」という言い方には、まず現実の使用があって、意味とはそこに反映されたものであるとか、意味の概念はそうした使用に忠実な概念でなければならないとか、あるいは意味とはそうした使用から読み取られるものだ、という趣旨の主張が隠れているようにも見えるからである。もしそうならば、現にどのように言語が使われているか、どのような推論が妥当とされているかといった実践のありかたは、不可侵なものとして議論の前提におかれることになるのだから、それらの改訂は不可能になってしまうように思われる。現にわれわれは古典論理的な実践を行っているのだから、それを直観主義論理で置き換えるべきだという主張は、何の効力も持たないことになってしまうであろう。

これに対するダメットの答えは、簡単にまとめるとこうである。「意味は使用である」というスローガンが言語実践を神聖不可侵なものにしてしまうのは（したがって、現になされている実践を改訂不可能にしてしまうのは）、このスローガンが言語についてのある描像——全体論的言語観——と結びつけられるときだ。だから、後者の全体論的言語観を拒否できるならば、この結びつきは成立しないことになり、「意味は使い方によって余すところなく決定される」というテーゼのもとでも、言語実践を改訂する余地が生まれる。かくして、ダメットは、全体論的言語観が言語の描像としては決定的に維持できない、ということを示す議論へと向かう。

しかし、このようにまとめてしまうと、ダメットが本当に必要な答えを与えたのかどうかがそれほどはっきりしなくなってしまう。例えば、全体論的言語観と「意味は使用」テーゼが結びつくとき、どうして実践の改訂が不可能になるのか、その理由はこれだけでは明らかにならないし、全体論を拒否すれば、そのとき本当に改訂の可能性が開かれるのかどうかも、はっきりしない。もっと丁寧にこの答えを吟味してみる必要がありそうである。ダメットのこの問題――論理の改訂可能性をめぐる問題――に関する議論はかなり広範でもあるし、全体論や（全体論に対抗してダメットが提案する）分子論がどういう風に特徴づけられるかといった問題を含めてかなり入り組んでもいるから、まず大まかな見取り図から始めるのがよいであろう。

論理を改訂するということは、われわれが現にやっている論理的な実践の少なくとも一部分に欠陥があるとか、不具合があることを指摘し、現行の規則を新たな規則で置き換えるべきだと、何らかの根拠をもって主張することであろう。したがって、論理の改訂可能性の議論は、論理規則（あるいは演繹的推論）の正当化という局面を必ずもつはずである。しかし、そのような演繹的推論の正当化については、それが可能ではないという有力な議論がある。それは、「意味は使用である」というテーゼを採る採らないにかかわらず、意味理論としてどういう理論を考えるかにかかわらず、そもそもそうした正当化は不可能だという議論である。これに対してダメットがどう応答しているか。まずはここから見ていくことにしたい。

その有力な議論はこう主張する。論理（演繹的推論）を正当化することは、正当化のための何らかの議論を行うことである。当然のことながら、その議論も議論である以上演繹的推論を使わざるをえない。したがって、いかなる正当化の議論も論理を使用して論理を正当化するのだから、ここには循環があり、その意味でいかなる正当化もありえないのだ、と。

実際そんなことになるのかどうか、具体例をちょっとだけ見ておこう。いま、演繹的推論の一例としてモードゥス・ポネンス（'$P, P \to Q \vdash Q$' というタイプの推論）をとり、これを正当化する場面を考えてみよう。古典的な真理表を使った場合、この推論が妥当だということは、こう示される。前提のPと$P \to Q$がともに真であるとすれば、→の真理表により、Qは真でなければならない。だから、この推論は妥当である。ところがこの妥当性の論証は、「推論の前提がすべて真のとき、結論が必ず真となるならば、その推論は妥当である」という妥当性の定義を前提にしている。もし、この前提を表立って書き表すとすれば、論証の全体はこうなる（対応を付けやすくするために言い回しを少し変えてある）。

（1）　推論の前提Pと$P \to Q$がすべて真のとき、（→の真理表により）Qは必ず真となる。

（2）　推論の前提Pと$P \to Q$がすべて真のとき、結論Qが必ず真となるならば、その推論は妥当である。

（3）　ゆえに、この推論は妥当である。

明らかにこの、（1）、（2）⊢（3）という推論はモードゥス・ポネンスの形をしている。モードゥス・ポネンスを正当化しようという議論において、われわれはモードゥス・ポネンスそのものを使ってしまったのである。循環性を指摘する上の議論は、派生的な規則はともかく、基本となる推論規則については、こうした循環が生じざるをえない、と主張するのである。

この議論に対するダメットの返答はどのようなものであろうか。彼はまず、論理の正当化と言われるものにいくつかのレベルがあることを指摘する。第一に、複雑な推論が行われたり、複雑な推論規則が与えられているような場合、そのような推論や規則をもっと単純な規則によって正当化するというケースがある。この場合は、しかしながら、上の議論に抵触することはない。あらかじめ一定の単純な推論規則を妥当なものとして受け容れておく限りでの正当化だからである。正当化を不可能とする議論が関わってくるのは、第二のケース、すなわち、複雑な演繹的推論を正当化するために使った単純な推論規則をいかに正当化するか、というケースである。場合によっては、これをさらに単純な規則によって正当化することも可能かもしれないが、このプロセスをいつまでも続けていくことはできない。これ以上遡れない地点で、われわれはいかに規則を正当化できるのか。[1]

ダメットはここで次のような議論を行っている。[2]「演繹的推論の正当化」と言われている事柄には、実は、文脈によって二つの異なる正当化がある。ひとつは、問題の規則をいまだ妥当な規則とは見なしていない人に、それが妥当な規則だということを説得しなければならないような文脈における正当化である。われわれは、正当化と言われたときに、一般にそのような脈絡での正当化を思い描いてしまうかもしれない。ところが、ダメットは、これとは異なるもう一つの文脈での正当化があるのだ、と言う。それは、問題の規則を妥当だとしてすでに使用している人に対して、その規則がどうして妥当なのか、その妥当性のメカニズムを説明するという文脈での正当化である。そして、前者の文脈、規則の妥当性を説得する文脈においては、先の議論が指摘する循環性は致命的な欠陥になるけれども、後者の文脈での正当化にとってこの循環性は必ずしも困難にはならないと主張する。

では、なぜ前者の文脈において循環性は致命的なのか。それは、問題の規則をいまだ妥当な規則として受け入れていない人に対して、それが妥当だということを説得するためにまさに当の規則を使うならば、その説得のための議論は説得力を失うであろうからである。ダメットが考えているのはたぶん次のようなことであろう。Aという事柄をBという事柄によって説得するためには、Bという事柄がすでに説得される人によって受け入れられているか、少なくとも、より説得力のある事柄として考えられていなくてはならないはずだ。比喩的に言えば、AとBの間には、説得力という点でA＜Bという関係がなくてはならない。循環性や論点先取の指摘はこの関係を壊してしまうのである。

では、後者の文脈——妥当性の説明という文脈——で、循環性が困難とならないのはなぜか。説得の場合とは対照的に、規則をすでに受け入れている人に対してなぜその規則が妥当なのかを説明する場合、問題になるのは説得力ではなく、説明力である。だからこの場合には、Aという事柄をBという事柄によって説明するという事態を考えなくてはならない。話を具体的にするために、先のモードゥス・ポネンスの例を取り上げよう。いま、われわれはモードゥス・ポネンスを妥当な規則としてすでに受け入れ、使用している。だから、モードゥス・ポネンスの妥当性を説得する必要はない。なすべきことは、モードゥス・ポネンスが妥当だという事実を別の事柄、例えば真理表に関する事実によって説明することである。このとき、その説明自体がモードゥス・ポネンスの形をしていたとしても何も問題はない、というのがダメットのポイントである。

どうしてか。その理由はこうである。先の（1）、（2）⊤（3）という推論を考えてみよう。（3）という結論を誰かに納得させるためには、まずもって（1）、（2）という前提を相手に受け入れてもらわなくてはならない。その上で、だから（3）なのだと主張しなくてはならない。説得のための議論はこの方向をとる。つまり、モードゥス・ポネンスそのものの形をもっている。ところが説明の議論では、この方向が逆になるとダメットは言う。[3] というのも、この場合、われわれはまず（3）の事実を受け入れるところから始めているからである。その上で、受け入れられた事実（3）をうまく説明してくれるものとして（1）、（2）に到達する。だから、終わってしまった議論を後から観察すれば、それは確かに（1）、（2）⊤（3）という形をしており、それがモードゥス・ポネンスと呼ばれる推論形式であることに間違いはない。だが、説明の方向は（3）→（1）、（2）なのだから、ここでふたたびモードゥス・ポネンスを使用していると言って、循環性や論点先取を指摘することは必ずしも致命的な欠陥にはならないであろう。こうしてダメットは、演繹的論証の正当化はそもそも不可能なのだという一見もっともらしく思える議論を退けている。

はたして、ダメットのこの議論は正しいであろうか。たぶんそれは、正当化を説得の文脈と説明の文脈とに分けることの妥当性と、演繹的推論の正当化が後者——説明の文脈——に属すると認定することにどれくらいもっともらしさがあるかということにかかっているように思われる。以下でこの点をもう少し検討してみたい。この時点で確認しておきたいのは、いま見てきたようなダメットの議論は、単に演繹的推論についての議論というよりも、もっと広く、ダメット哲学の全体的な構図そのものに関わっている、という点である。この点を含めて、演繹的推論の正当化を可能とする議論にどういう意義があるのか、いくらか包括的に検討してみよう。(4)

演繹的推論の正当化がその妥当性の説明だというダメットの見方が、論理学者の実践をうまく捉えている、ということにまず注目してみたい。論理学者は、われわれが日常の言語実践（あるいは数学やその他の論証活動）においてどういう推論を妥当とし、どういう推論を誤りとしているか、その事実を所与として出発点におく。その上で、妥当とされている推論の全体を体系的に捉えること、そしてそれらの推論が妥当となるメカニズムを体系的に説明することを彼らは目指すのである。先の例では、われわれはモードゥス・ポネンスという単一の規則の正当化を問題にしたが、彼らは規則体系（あるいは公理系）の全体としての正当化をねらっている。この全体としての正当化という点に、健全性や完全性証明の意義、単なるテクニカルな興味を越えた意義がある、というのがダメットの見方である。ただし、目指すものが、単一規則ごとの正当化なのか、体系全体としての正当化なのかは、いまのところはどうでもよい。大事なのは、論理学者のこうしたやり方——つまり、一定の言語的実践を所与とし、それらを体系的に説明しようというやり方——である。この手法は、ダメット哲学の全体像を理解する上できわめて重要である。第一章で単称名辞の判定基準を確定しようとしたときのダメットの議論を思い出してもらいたい。そこでもやはり、単称名辞と推定される表現を含む推論の妥当性について前理論的な理解や実践が前提とされていた。われわれは一定の実践にすでに参加しているのであり、そうした実践を出発点にして、その中での、例えば演繹的推論なり何なりのしかるべき役割を説明すること、これがダメットの基本的なアプローチである。

では、このアプローチにはどういう意味があるのだろうか。あるいは、ダメット風に言えば、このようなアプローチを採ることの眼目はどこにあるのだろうか。ここで注目したいのは、ここでの論理学者たちが正当化しようとしている当の実践が誰の実践か、という点である。それは、演繹的推論に関する懐疑論者の実践でもなければ、その演繹的実践がどのようなものかが全く知られていない未知の種族の実践でもなく、まさに自分たちの実践にほかならない。説明の文脈は、懐疑論者や未知の人々には役に立たない。説明の文脈が一定の効力を発揮しうるとすれば、それは、すでに一定の合理性を共有した「われわれ」の内部でしかないのである。もちろん、合理性という言葉はやっかいで、簡単に説明できそうにはないから、その代わりに、ここでの文脈に即して、それを「一定の演繹的推論を妥当として受け入れること」と考えてもらっても差し支えない。すでに一定の演繹的推論を妥当なものとして共有している人々の間でしか、説明の文脈での正当化は機能しないのである。

説明の文脈での正当化が一定の合理性を共有した「われわれ」の内部でしか機能しない（そして説得の文脈では循環が致命的である）という観点は、たぶん次の二つの事柄を含意しているように思われる（私に思いつくのがその二つであるという意味で）。第一に、まさにダメットの意味での「演繹の正当化」がこの観点では可能とされるのだから、そしてその正当化が意味論のレベルで、ひいては意味理論のレベルでの論証を通して与えられるとすれば、ここには分析―総合の区別に類したものの復活という意図が窺える。もちろん、ダメットが本当にそれをねらっているのかどうか、かりにねらっているとして、その分析性が、たぶん論理実証主義のものとは違うとしても、実際にどういう分析性なのかは、これだけでは明らかではない。しかし、ここで注意したいのは、クワインとの違いである。クワインも論理や数学の改訂可能性を容認する。ただし、それは分析―総合の区別が維持できないことを示すことによって得られる改訂可能性であった。彼は、分析命題―総合命題の間にきっちりとした区別が引けるというわれわれの理解が虚妄だということを示すことによって、いかなる理論的言明といえども経験的要因をいくらかは含まざるをえない、ということを示してみせた。したがって、経験との大きな衝突が生じたときには、場合によっては論理や数学のような（クワインの言語モデルにおいて）中心部に位置する言明も原理的には改訂にさらされるのである。[5] ダメットもまた改訂可能性を容認する、あるいは容認すると言うよりも、むしろ積極的に改訂の可能性を立証しようとしている。しかし、それはクワインと同じ理由からではない。ダメットの場合に、改訂の契機が経験に求められることはない。むしろ、ダメットがその際に訴えるのは意味理論――われわれの言語の働きに関する体系的な説明——である。かりにある演繹的推論の原理が、意味理論として不適格な理論によってしか正当化されないとすれば、それは放棄されねばならないのであり、すでにそれが使用されていたという事実は、それを使い続けるための根拠にはなりえない。そしてそのような正当化や改訂の可能性を原理的に保証しているのが「説明の文脈」である。

第二に、説明の文脈においては、すでに一定の演繹的推論が妥当なものとして共有されているのだから、つまり一定の合理性が前提とされているのだから、われわれの実践のある側面を説明するときに、その実践を行動主義的なディスポジションへの還元に基づいて記述する必要はまったくない。われわれはすでに一定の合理性を前提にした実践の中に住んでいる。だから、そのときにそうした合理性を踏まえた言語ゲームを行うことに何の問題もない。あえて禁欲的に、いかなる規範性や合理性からも中立な（と考えられている）刺激や、刺激に対する同意・不同意のようなものだけにツールを限定する必要はない。このことは、後で見るように、ダメットの表出論証（manifestation argument）の意義を理解する上で、一つの鍵になる。

いささか話が先回りしてしまった感があるのだが、ここでのポイントはこうである。もしいま述べてきたようなストーリーが可能だとすれば、ダメットの「演繹の正当化」という論文は、単なる演繹的推論の正当化可能性に関わるだけでなく、同時に、反クワイン的な構図の提案という相貌をもって立ち現れてくるだろう、ということである。しかもその構図は、意味理論から存在論へというダメットの構想を基本的なところで支えるような構図でもある。(6)

ここで話をふたたび演繹的推論の改訂可能性の問題へと戻すことにしよう。演繹的推論の正当化は原理的に不可能だという有力な議論に対して、ダメットは「説明の文脈」と「説得の文脈」を区別し、前者については一定の循環が必ずしも致命的なものとはならず、そのような循環を含む議論にもある種の効力があり得るということを示すことによって対処してきた。しかしながら、改訂主義を採る者としてダメットは、ここでそのような対処法をそのまま採用することはできないのではないだろうか。というのも、次のような疑問が生ずるからである。ダメットの考えでは、演繹的推論の正当化としてわれわれがなすべきことは、問題の推論の妥当性を説得することではなく、その妥当性のメカニズムを説明することであった。だからこそ、そこにあからさまな循環があるという非難をかわすことができたのである。しかし、かりにその議論が成立するとしても、改訂主義にとってはなお困難がそのまま残るのではないか。なぜなら、論理の改訂は、あらかじめ問題の規則を受け入れていない人にその規則を受け入れるように説得することや、すでに受け入れられている規則を捨てるように説得することを含むように思われるからである。論理学者にとって必要なのが、説得の文脈ではなく、説明の文脈だということはいいとしても、改訂主義者にとって必要なのは説得の文脈なのではないのだろうか。

もちろん、ダメットはこの疑問にはっきりと気づいており、それに対する答えを用意している。その際のポイントは二つある。第一に、改訂主義においてはもちろん説得の文脈が重要なのだが、そうした説得の文脈が孤立して現れることは現実にはない。例えば、これから問題になる古典主義者（古典論理を受け入れる人）と直観主義者の論争を考えてみよう。彼らは、論理法則のすべてについてそれを受け入れるべきか否かで対立しているわけではない。両者の間で、すべての論理法則が説得の文脈に属しているわけではなく、多くの法則が共有されているのである。もちろん、共有されていると は言っても、それぞれの側が当の法則や原理を受け入れるための意味論は違っているかもしれない。しかし、重要なのは、それらの法則や原理に関しては、説得の文脈での正当化が要求されているわけではない、という点である。第二に、「演繹的推論のあらゆる原理の妥当性を否定する懐疑家は存在しないし、もし存在するとすれば、明らかにその人にとっていかなる推論もありえない」[7]という点である。

これらの論点に注意を払うならば、次のようにして改訂の議論が可能になるであろう。まず、第二の論点により、すべての演繹的推論を拒絶する者はいないから、いまある論理法則をめぐって対立している両方の陣営とも、一定の論理的推論を妥当なものとして受け入れていることは明らかである。また、第一の論点により、両陣営がともに受け入れている論理的推論の少なくとも一部分は共有されているであろう。[8]したがって、理想的には、相手側が妥当だとは認めないある論理法則を、その相手側が受け入れている法則にだけ訴えて正当化する、そのような意味論が使えれば、それによって事実上循環なしに正当化が可能になるように思われる。例えば、相手が直観主義者だとすると、彼らは排中律を妥当とは認めないはずである。しかし彼らも分配律やモードゥス・ポネンスその他の原理は受け入れている。そこで、それらの受容された原理を妥当とするような意味論に基づいて、こちら側は排中律の妥当性を説得することができるであろう。実際に相手が説得されるか否かは別にして、この図式におかしなところはない。そして理想的には、同様にして、相手側が受け入れているある法則を、これまた相手側が受け入れている他の法則を妥当とするような意味論を使って反駁することも可能なはずである。もちろんダメットは、こうした理想的なやり方がいつでも実現するわけではないということを認めている。(9) だが、理想的でない場合であっても、共通の地盤が一定程度確保されていることによって、相手を説得できないまでも、互いの相違点が意味論における相違であると認定されれば、ダメットにとってそれで充分なのである。互いの意味論が異なるという点に到達さえできれば、問題は最終的にそうした意味論を包摂する意味理論の適切さへと向かうからである。

さて、改訂主義についてのこうした理解は、一見するときわめて楽観主義的な見方であるように思われるかもしれない。特に、第二の論点から、対立する陣営のそれぞれが一定の演繹的推論を共有していなくてはならないとする部分は根拠が薄弱であるように思えるかもしれない。一切の論理的推論を共有していないという事態も概念的には可能だからである。しかし、ダメットの理解は決して楽観主義に基づいているわけではない。というのも、これが楽観主義に思えるのは、演繹的推論を言語活動の孤立した一部分と見なしているからである。ダメットに楽観主義を見てとる人は、例えば、直観主義論理の世界に住む人と古典論理の世界に住む人とが、それぞれ別の演繹原理が支配する世界に住んでいるかのように捉えている。これは、論理的な推論活動が言語の他の部分から切り離されて、孤立した実践をなすという見方を前提にして初めて成り立つ捉え方である。だが、演繹的推論活動は、言語実践の孤立した一部分をなしているわけではない。例えば、論理結合子は、演繹的推論の妥当性を支える基本的な因子ではあるけれども、これらの結合子は主張文にのみ出現するわけではない。それらは、命令文や疑問文でも使われるし、演繹的な文脈だけでなく、例えば、観察報告文でも使われる。演繹的推論が言語実践の他の部分から切り離されているわけではないというのは、この意味においてである。もしそうであるとすれば、演繹的推論の妥当性を説明する意味論は、演繹的推論とは直接関わらない他の言語使用の側面をも視野に収めていなくてはならないはずである。あるいは、もっと正確に言えばこうなる。意味理論は、演繹的推論の妥当性を説明する一部門として意味論を含んでいなくてはならないが、それですべてというわけではない。言語の他の側面を説明するいくつもの部門をもっていなくてはならないはずである。その上で、その意味理論は各部門同士の間に全体として整合性、ダメットの用語を使えば「調和」[10]、を保っている必要がある。演繹的推論の実践が言語実践の孤立した一部分ではないというのは、そのような意味においてである。だから、ある演繹的推論の妥当性をめぐって対立する二つの陣営があるとき、それぞれの意味論の正否を言語の他の部分との整合性ないし調和という観点から論ずることができるはずである。

だが、それでもなお、すなわち演繹的推論の実践が言語の孤立した一部ではないことを認めた上でもなお、直観主義の世界と古典論理の世界とは別物であると主張し続けることは可能かもしれない。ダメットは、もしそのように主張し続ける論者がいるとすれば、その人がその立場を維持するためには言語に関する全体論的な見方を採るしかないのだ、と考える。したがって、改訂可能性の問題はここでふたたび、全体論的な言語観が維持できるか否かという問題にシフトすることになる。そしていったん全体論的な言語観が採用されたならば、そのような言語観は改訂主義者に対して、これまでとは違う新たな問題を投げかけてくる。というのも、全体論は、演繹の正当化はそもそも必要ないという観点を含意するからである。ダメットのこれまでの議論がうまくいっているとすれば、演繹的推論はそもそも正当化可能ではないのだという一般論は拒否できる。けれども、そこに全体論的言語観を採用する者が登場するならば、彼らは、こう主張するのである。演繹の正当化はたぶん可能かもしれないが、それ以前にそのような正当化は必要とされていない、と。かくして、われわれはこの節の最初に出会った問題——全体論と改訂主義の関係の問題——に立ち戻ってきたことになる。

2　全体論的言語観と分子論的言語観

しかしながら、この全体論（holism）に対するダメットの応答を見る前に、全体論的言語観がどういう観点であるのか、またそれに対抗してダメットが提案する分子論的言語観がどういうものなのかを見ておく必要がある。全体論的な言語観とはいったいどのような言語観なのか。これについてダメットは実に様々な特徴づけを与えているが、そのもっとも端的な説明の一つを取り上げてみよう。

その見方のもとでは、単一の言明の内容を問うことは、あるいは、ある数学理論とかある物理理論といったどれか一つの理論の内容を問うことさえ、不法なことである。その言明の意味も、あるいは演繹的に体系化されたどの言明組織の意味も、それらが全体としてのわれわれの言語の中の他の諸領域の他の諸言明と、直接的かつ遠隔的に、結びあう多岐的な関係によって、変容を受ける。だから、言語全体を知らないで当の言明を理解する、十全な方法は存在しないのである。(11)

あるいは、これをもう少し簡単に、「単一の言明の内容を理解するには、その言明を含む言語の全体を理解していなくてはならない」というように言い換えてもよいかもしれない。注意しなくてはならないのは、ここで言われている「言語の全体」が文字通りに全体だ、という点である。

このこと、つまり文字通りに言語の全体を考えることがどういう意義をもつのかをもう少し考えておこう。たしかに、ある一つの言明を取り出して、その言明の内容を孤立して問うことが意味をなさないケースは数多くある。例えば、互いに相関しあって初めて理解できる表現――例えば、「右」と「左」や、「男性」・「女性」、あるいは「赤」や「緑」のような色を表すことばなど――を含む言明はそのような種類の言明であろう。あるいは、もっと強く、一般にどんな言明もそれ単独での理解ということはありえないとも考えられる。なぜなら、どんな言明の理解にも、そのパーツとなっている表現や語の理解が不可欠であり、しかも、それらの表現や語の理解はそれらが現れる他の言明の理解を必要とするだろうからである。しかし、もし単一の言明の理解が文字通り言語全体を前提にするならば、そのようなことは現実にはありえないのではないか。ダメットはもちろんこの全体論的な言語観には反対しているのだけれども、それがありえない考え方ではないことを示すために、ゲームの例を取り上げている。(12) 例えば、将棋やチェスのようなゲームの場合、香車と桂馬が交換できないように、異なる種類の駒はそのゲームにおいて異なる意義をもっている。けれども、香車の意義や役割は、それを単独で取り上げて吟味したからといって明らかになるとは思えない。それらの意義や役割は、ゲーム全体に言及することによって初めて明らかになるのではないだろうか。この意味で、言明の発話がゲームでの一手のようなものであるならば、その内容はその発話が属しているゲームの全体に言及することによって初めて把握されることになる。この例には、たしかに一定の説得力はある。

しかし、それでもなお言語の全体を要求することは、あまりに法外な要求ではないだろうか。言語の全体と言っても、それが確定した、あるいは境界のはっきりした全体をなすとは、とても思えないし、かりにそのような境界づけが可能だとしても、言語の境界は不断に変化し、それを確定した全体と見るのはおよそ不可能なことなのではないか。われわれはここで全体論を反駁しようと試みているわけではない。それは、後のダメットにまかせよう。その前に、全体論をもう少しちゃんと理解しておきたいのである。それには、ダメットが全体論に代わる描像として提案する分子論的言語観と対比させてみるのが有効かもしれない。

ダメットは、分子論的言語観を次のように説明している。

分子論的見方は、どの文もそれぞれその内容を保持している、と想定されるべきことを要求する。すなわち、それらの文が、そこに現われる表現およびそれを理解するためにはあらかじめ理解していなければならないところの、それと同じかより低いレベルの他の表現だけを含むような、きわめて断片的な言語——そのような断片言語には、所与の文より大きな論理的複雑さをもつ文は現われない——に属しているときでも、それらの文は、いまわれわれが使っているのと正確に同じ仕方で使われるのだ、と見做せることを要求するのである。(13)

この引用からわかるように、分子論的言語観は、一つの言明の内容を孤立して問うことが可能だとする立場ではない。もしそれが可能だとするならば、その言語観は原子論的とでも言うべきものになるであろう。すでに見たように、互いに相関的に意味をもつようなことばもあるし、言明レベルでも、言明どうしのつながり抜きに意味が確定するということは一般にはありえない。だから分子論は、言明の内容を確定するのに、その言明が属する言語の残りの部分からその言明を切り離してもかまわない、と主張しているのではない。分子論では、ある言明の内容がその言語の他の部分に依存することがあっても、いっこうにかまわないのである。ダメットは、場合によっては、ある言明が依存する言語の断片は相当大きな断片でありうるとさえ言う。ただし、その断片がいくら大きくても、全体ではない。だから分子論なのである。けれども、そう言ってしまうと、何だか全体論と分子論の違いがはっきりしなくなるように感じられるかもしれない。一方では、言語の全体と言っても、つねに確定した全体があるようには思えないし、その一方で、関与する断片の大きさがいくらでも大きくなる可能性があるとすれば、両者の違いはいったいどこにあるのか。

しかし、この二つの見方ははっきりと違っている。その違いは、引用の後半に示されている。その違いをはっきりさせるために、比喩を使ってみよう。いま、二つの論理体系が与えられているとする。そして、これらの体系で証明される言明の内容は、その言明が属している体系でのその言明の証明全体によって決まる、と仮定しよう。一つの言明がその体系で証明される仕方は一つではない。様々な仕方で証明されるのである。そこで、そうした様々な証明の全体でもってその言明の内容が決まる、とするのである。ところで、これらの体系の一方（体系Aとする）では、部分式性質が成立し、もう一方の体系（Bとする）では、それが成立しないとする。部分式性質というのは、ある言明（論理式）が証明をもつならば、その中にその言明の部分式[14]しか現れないような証明がある、という性質である。したがって、このような証明においては、証明される言明それ自身よりも論理的に複雑な言明は決して現れない。そこで、この部分式性質の成立する体系Aでは、言明の内容を、そのあらゆる証明によってではなく、部分式性質を満たすような証明の全体によって決まる、という風に約定してやることができる。そうすると、この体系Aでは、ある言明の内容を確定するのに、その証明の全体を考慮する必要はなく、一定の複雑さ以下の証明を考えればよいことになって、考慮の対象をある制限以下に抑えることができる。これに対し、体系Bでは、そのような制限を設けることはできない。原理的にはいかなる複雑さをもつ証明も考えられるからである。

ダメットの言っていることを見るかぎり、この体系AとBの違いが、分子論と全体論の違いだと考えてよさそうである。もちろん、言明一般を考える場合には上の論理体系のようなきちんとした複雑さの尺度を与えるのは難しいが、それでもともかく、分子論では、与えられた言明の内容を把握するのに必要な言語断片の大きさに一定の限界を設けることがつねに可能なのである。全体論では、そのような限界を設けることはできない。問題となっている言明の内容把握は、原理的にはいかなる複雑さの言明にも依存しうるのだから、その内容の把握のためにはわれわれはつねに言語の全体を視野に入れておかねばならないのである。だから、言語の全体がはっきり確定できるかどうかといった疑問や、その全体をわれわれが認知的に把握できるのかどうかという疑問はポイントをはずしている。ここで問題なのは、言明の内容把握に要求されるものの範囲が、有界か有界でないかであり、分子論はそれが有界だと言い、全体論は有界ではないと主張するのである。

しかしながら、分子論と全体論の基本的な相違が、言明の把握に要求されるものの範囲が有界か有界でないかという点にあるというのはいいとしても、この特徴づけだけで終わってしまっては、今後の議論には不十分である。そのように特徴づけられる分子論と全体論が、それぞれ意味理論に適用されるとき、どういう違いが生まれてくるか、言い換えれば、全体論と分子論が上述のように解されるとき、全体論的な意味理論と分子論的な意味理論のどこが具体的に違ってくるのか、この点をもう少し見ておかなくてはならない。ダメットの見解では、その違いはパーティショニングの可能性に関わっている。

すでに見たように、分子論的な見方においても、もちろん個々の言明の意味把握が言語の他の部分から独立になされるということはありえない。当然のことながら、「文の意味は構成要素たる語の意味に依存するのであり、後者はまた、それが現われ得る他の文の使い方や、それらの語を説明すべきより低いレベルの表現、あるいはそれと論理的に関係した同レベルの表現、にも依存する[15]」。しかし、分子論では、部分式性質をもつ体系の場合と同様に、文を論理的な複雑さの度合いにおいて区別し、「どの文の意味表示もそれより大きな複雑性をもつ文の意味表示を決して含まないようにできる」のである。したがって、分子論的な意味理論では、各文について、言語全体に依存しない個別的な内容表示を導出することができるはずである。

これに対し、全体論的言語観に基づく意味理論では、そうした個別的な内容表示を導くことはできそうにない。このことを（若干の予備知識を前提とするが）デイヴィドソンの意味理論を例にして考えてみたい。彼の意味理論では、例えば「La terra si muove.」というただ一つの文について理論を構成するといった試みはまったく意味をなさないであろう。いまたまたま、そうした理論が二つ構成された、としてみよう。一方からは、定理として「'La terra si muove.' が真であるのは、地球が動くとき、そのときにかぎる。」が帰結し、もう一方からは「'La terra si muove.' が真であるのは、地球が丸いとき、そのときにかぎる。」が帰結したとする。このとき、どちらの理論が適切かはこれだけからは判断できない。どちらの定理も話者の示す証拠、その文を真として受け入れるという証拠に合致してしまうからである。われわれとしては、後者の帰結がまずいと考えたくなるが、それがまずいということは、他の文についてその理論がどのような定理を導くかを抜きに語ることはできない。その意味で、一文についての理論構成は意味をなさないのである。そこで、今度はこれらの理論が

（当該言語の）無数に多くの文についてそれぞれ上のような定理を導出するとしてみよう。どちらの理論においても、その公理の中に'muove'の充足条件を定めるものが含まれているはずである。後者の理論の場合、それは適切ではないはずだが、それが適切でないことを端的に指摘することはできない。けれども、その不適切性は、他の定理の中でいずれ明らかになるはずである。つまり、他の定理において、証拠（つまり、どの文を相手が真とみなしているかという証拠）との不一致がどこかで現れるはずである。そして不一致が生じた場合には、理論のどこかを手直ししなければならない。そのような試行錯誤の結果として、理論から導かれる定理と証拠とが最終的に全体として一致するかもしれない。この証拠と定理の全般的な一致という観点があって初めて、デイヴィドソンの構成する真理理論は「意味理論」とみなされるのである。

理論の適切さを判断するには、話者がどの文を真として受け入れているかという証拠に定理をつきあわせてみるしかないが、そのつきあわせはいわば全体論的にしかできない。この状況は、理論が複雑なネットワークをなしており、そのネットワークが適切に機能するかどうかは、それを繰り返し適用し、仕様通りの結果を出力するか否かに基づいて判断するしかない、という状況によく似ている。

デイヴィドソンのポイントは、そうした仕様通りの結果を出力するネットワークは、全体として言語の知識を実現している、という点にあるのだが、この点はいまはどうでもよい。注意すべきなのは、こうした全体論的な意味理論においては、個々の文の内容は、いわばニューラル・ネットワークでの分散表象のような形でしか、つまり全体としてしか表示されず、各文の個別的な内容の表示はありえない、という点である。したがって、分子論的意味理論では、各文の意味を個別的に切り出すことができるのに対し、全体論的な意味理論ではそれが可能ではない。ダメットが両者の相違をパーティショニングの可能性の有無にあるとするのは、このような意味においてである。

3　全体論はなぜ改訂主義を阻むのか

全体論と分子論の違いを以上のように押さえた上で、あらためて、第1節で直面した問題に向かおう。問題は二つある。第一に、なぜ「意味は使用である」あるいは「意味は使い方によって余すところなく決定される」というテーゼと全体論的言語観が結びつくとき、実践の改訂は不可能になるのか、さらに、その結びつきを切断すれば、改訂主義が維持されるのはなぜなのか。第二に、なぜ全体論はまずいのか。順番に考えていこう。

第一の問題に答えるには、最初にダメットが維持したいと考える観点を示し、それが全体論によってどう妨げられるかを見てみるのが最もわかりやすい。「意味は使用だ」というテーゼにダメットは二つの意義を担わせている。一つは、全体論か分子論かにかかわらず、このテーゼを受け入れるすべての人がそこに見てとるような意義、すなわち、「私的な意味」の観念を拒否するという役割である。ダメットはこれを次のように述べている。

数学的言明の意味はその使い方を決定し、その使い方によって余すところなく決定される。そのような言明の意味は、その言明が使われる使われ方にはっきり現われないで、その意味を理解する当人の心の中に宿るだけ、というようなものではあり得ないし、そのようなものを成分として含んでもいない。もし二人の人間がその言明の使い方について完全に合意するならば、かれらはその意味について合意したのである。(16)

言明の意味が心の中に宿るのではなく、その言明の使用を通して表に示されなければならないという、この主張は、ダメットの直観主義を見ていく上で、出発点におかれるべき基本的な主張である。しかし改訂主義の問題に関していま重要なのは、この点ではない。ダメットが「使用」テーゼに見出すもう一つの意義は、使用には複数の側面、あるいは様々な相がある、という事実のうちにある。しかし、そう言われても、これだけからはその意義がどういう意義なのかはまったくわからない。

言語の使用には複数の相があるという事実にいったいどういう意義が隠されているのか。ダメットはまず、言語の使用にそのような複数の相があることを、手をかえ品をかえ説明している。例えば、クワインの言語モデルを採るとき、その周辺部に位置する観察言明の意味は「多かれ少なかれストレートなやり方で、それらの文に同意や不同意をうながす観察の刺激によって与えられる」。しかしその一方で、そうした観察言明の意味は、モデルの内部に位置する数学や科学の諸理論の助けをかりて導出される、その導出のされ方にある、と言うこともできる。このことは、観察言明の意味には少なくとも二つの異なる相があることを示している。あるいは、ヒルベルトの形式主義の場合であれば、特定の数学的言明の真理が有限主義的な手法のみを用いて延々と続く一連の構成によって立証されるケースと、その言明がイデアールな理論を介したショートカットによって証明されるケースとがある。この場合も、同一の数学的言明に対して二つの異なる相があると言えそうである。だめ押しにもう一例。論理結合子、例えば「かつ」を主結合子として含む言明には、それがいかなるときに主張できるか、どういう状況でそれが正しいとして主張できるか、という相と、その言明を受け入れたときに、そこから何が帰結として許されるか、というもう一つの相がある。

これらの例のうち、はじめの二つと最後の例では、同じように二つの異なる相があることを言いたいにしても、事情は異なっているように感じられるかもしれない。クワインとヒルベルトのケースは、ある言明を確立するための直接的な手段と間接的な手段の違いとして二つの相が描かれている。それに対して、論理結合子の例では、言明を立証するという相と、言明を立証されたものとして引き受けることの帰結という相とが対比されているからである。しかしここではさしあたりこの相違には目をつぶってもらいたい。(17)

ここで重要なのは、とにかく言語の使用には異なる相があるということである。その上で、もし意味理論がわれわれの言語の働きを体系的に説明するべきであるとすれば、それらの相の間に齟齬がないことを保証すべきだし、かりに齟齬が生じたならばわれわれはそれを何らかの仕方で解消すべきである。なぜなら、言語こそがわれわれの合理性の母胎なのだから。ここに改訂の余地が生ずる。すなわち、言語使用の異なる相どうしの間に食い違いが生じ、例えば、言明を立証する直接的な手段からはAが導かれるが、間接的な手段からはAが導けない、あるいはAの否定が帰結してしまう、そういう事態が生じたならば、われわれはわれわれの言語のどこかを手直ししなくてはならない。これを放置することは、いわば規範のよりどころを放棄することにつながってしまうからである。これが、実践を改訂することのポイントである。以上が、ダメット的改訂主義の基本路線にほかならない。

この路線をわれわれは「意味は使用」テーゼから始めた。もしここに全体論的言語観が加わるならば、事態はどうなるであろうか。明らかに、全体論の観点からは、使用の異なる相を言語全体から分離することはできないであろう。(18) すでに見たように、全体論的言語観に基づく意味理論では、言明ごとのパーティショニングは不可能になるからである。ダメットの改訂主義は、クワイン的な改訂主義とは違って、言語使用の様々な相の切り取りを要求する。全体論は、そうした切り取りを不可能にするのだから、「使用」テーゼと全体論的言語観が結びつくとき、実践の改訂が不可能になるというのは、自然な帰結である。その一方で、全体論が拒否され、全体論と「使用」テーゼとの結びつきが切り離されるならば、上述の基本路線が唯一維持しうる路線として残されることになるであろう。これが第一の問題に対する解答である。

さて、以上から全体論的な言語観がダメットの改訂路線を阻むということはわかった。しかしそれだけから、全体論的言語観が放棄されねばならないということまでは帰結しない。では、全体論はなぜまずいのだろうか。われわれが全体論的な言語観を拒否しなければならない理由は何なのか。本章の最後の課題としてこの問題を考えてみよう。

4　全体論の問題点

ダメットが全体論や全体論的意味理論に費やしているページは膨大である[19]。しかも、全体論ということで考えられているのが、ある場合には、デイヴィドソンの意味理論であったり、別の所ではクワインの言語モデルやデュエム・クワインテーゼ、さらには（デュエムから発想を得た）数学的全体論であったりで、そこで指摘されている難点が、特定の全体論的理論に特有の難点なのか、それとも全体論一般に当てはまる難点なのかがわかりにくくなっている。しかし、私の見るところでは、全体論が維持できないというダメットの主張は、おおまかに二つに分けられるように思われる。以下で、それぞれのタイプの議論がどのようなものであるかを見ていこう。

全体論を拒否するための第一の論拠は、すでに見たパーティショニングの問題、あるいは言語の分割可能性 segmentation にかかわっている。分子論的言語観では、特定の言明について、その意味表示を言語全体から切り離して行うことが可能である。これに対して、全体論では、そうした意味表示を一つの断片として言語全体から切り取ることはできない。これは少し前に確認したことであった。もし意味理論が言語習得や他者とのコミュニケーションの可能性をも説明すべきであるとすれば、全体論的言語観のこの特徴はそれらの可能性をあらかじめ閉じてしまうことになる、というのが第一の論拠の趣旨である。

このタイプの議論にはいくつかのヴァリエーションがあるが、最初に、合成原理 compositionality にかかわるヴァージョンを見てみよう[20]。意味理論は合成原理を本質的に組み込んでいなければならないが、全体論ではそのように組み込まれた合成原理がきちんと機能しないという趣旨の主張、つまり全体論的意味理論は本質的に合成的ではないという主張である。だから、合成的であることが意味理論にとって不可欠の制約だと論証できるならば、全体論的意味理論はそれ自体で意味理論としては不適切だということが、ここから帰結するはずである。

合成原理は、すでに見たことだが、表現の意味はそのパーツの意味によって決まるという原理、文の場合であれば、文の意味がその文に含まれる語の意味によって決まるという原理である。その最も簡単な例は、論理結合子であろう。「AまたはB」を理解するのに何が必要か。そのためにわれわれが必要とするのは、(1) その文の構文 composition を見てとることであり、(2)「または」が何を意味するかを知ることであり、そして (3) AとBがそれぞれ何を意味するかを知ること、であろう[21]。これが合成原理から帰結することである。

しかしその一方で、これまた分子論的な見方から明らかなように、われわれはある一つの文の意味をそれ単独で理解することはできない。というのも、その文に含まれる個々の語の意味は、それらの語が現れる他の文の理解にも依存するであろうからである。そうだとすると、分子論的言語観から帰結する制約は、合成原理とあからさまに対立しているのではないだろうか。

この疑問に対するダメットの解答を見てみよう。ふたたび論理結合子のケースを取り上げる。ここでまず注意しなければならないのは、ある論理結合子が文中に現れるとき、その現れ方は二通りある、という点である。例えば、文「AまたはB」における「または」は、この文の主結合子として現れている。というのも、「AまたはB」は、文形成の最後の段階でAとBとを「または」で結合することによって構成された文だからである。これに対し、AやBの中に「または」や「そして」のような結合子が現れていたとしても、それらは文「AまたはB」における主結合子ではない。このとき、「または」という論理結合子の意味の理解は、「または」が主結合子として現れる文の理解に存する、あるいはそれらの文の理解に依存する、と考えることができる。これに対し、「または」が主結合子ではない形で含まれる文の場合には、その文の理解が今度は「または」の先行する理解に依存するであろう。意味理解の依存関係について、ここに二つの異なるパターンを見てとることができる。

この事実によってダメットは何を言いたいのか。問題を整理しておこう。合成原理は、文の意味理解がその文の構成要素の理解に依存する、と主張する。これは、文の意味に対する語の意味の優先テーゼである。一方、分子論的言語観は、文中に含まれる語の理解が、それが現れる他の文の理解に依存することを主張する。こちらは、語の意味に対する文の意味の優先テーゼである。ここには、一見するとテーゼどうしの衝突があるように見える。しかし、ダメットが主張したいことは、この衝突が合成的な意味理論では解消されている、という点にある。では、どういうメカニズムによって衝突は回避されるのか。それは、二つの優先テーゼの両方を弱めることによってである。第一に、分子論的言語観は、ある語を理解するために他の文の先行理解を要求するが、それは、その語が登場するすべての文の理解を要求するわけではない。前段落で意味理解の依存関係に二つのパターンを区別したが、その区別がここで効いてくる。論理結合子の例に即して言えば、「または」という語を理解するために訴えるべき他の文は、「または」を主結合子として含むような文だけでよい。「または」を主結合子ではない形で含む文の理解は、「または」の理解を前提にするのだから、これらの文に依存することはできないのである。そしてこのような区別は、論理結合子以外の他の表現にもたぶん適用できるはずである。ダメットの上げている例では、「こわれやすい」という語の理解は、その語が現れる他の文の理解に依存するが、それらの文は「この皿はこわれやすい」のような、「こわれやすい」が単純述語として現れるような文だけであって、そこに「それがこわれやすいということを忘れてしまいそうで怖い」のような文が含まれる必要はない。要するに、他の文の理解に依存するとは言っても、分子論で要求されているのは、一定の範囲に限定された文への依存である。

では、表現の意味理解にこうした他の文への（限定的な）依存関係がある場合、合成原理はどのように働くのであろうか。ダメットがここで考えているのは、次のようなことである。ある文を理解するときに、われわれはもちろん他の文の理解に依存しなければならない。けれども、それは、他のすべての文ということではなく、一定の限定された範囲の文である。では、それはどういう範囲の文でなければならないか。それを決定するのが、合成原理である。だから、合成原理に基づく意味理論は、ある文Sに現れる語と、それらの語がSへと結合される構文方法を提示し、それと同時に、Sの理解が依存する他の文がどの範囲の文であるかを決定し[22]、それらの文の理解からSの理解がどのように導かれるかを記述するのである。このとき、ここに現れる他の文は、分子論からの要請により、その論理的複雑さという点で、S自身よりも低い複雑さしかもたないはずである。

こうして、分子論的言語観を採るならば、「ある文の理解が他の文の理解を前提とする」という事実を認めたとしても、それが合成原理とは衝突しないということが示された。それは、個々の文理解を説明するのに要請されるものが、分子論においては有界だとされるからである。この事実がここでは決定的に効いている。これに対し、全体論を採用するならば、合成原理に配慮してますよとは言っても、それはお題目にとどまるのであって、合成原理が文の意味理解の説明にどのようなメカニズムで働くのかを一切語ることができないであろう。以上が、合成原理の働きに基づく全体論拒否の議論である。もちろん、これは、意味理論が合成原理を組み込み、機能させていなければならないという前提の下での議論である[23]。しかし、合成原理に基づかない意味理論の有力な候補がない状況では、以上の議論はそれ自体で充分な説得力を持つように思われる[24]。

次に、パーティショニングの問題にかかわるもう一つのヴァージョンを見ておこう。こちらの議論はダメットがFPLで論じているものである[25]。彼は、そこで、クワイン的なトータルな全体論total holism が必然的に独我論的なものにならざるをえないと論じた上で、そのような全体論が、コミュニケーションの実践を明らかにしようとするときに二つの困難を引き起こすと主張する。第一の困難は、他人との不一致が生じたときに、それが意見の相違（真理値の相違）なのか、単なる言語的な不一致なのかが判別不可能になるという困難である。あるいは、より正確に言えば、全体論でも不一致の分別は可能なのだが、全体論的な判別方法ではコミュニケーションの役には立たない、という趣旨の困難である。第二の困難は、ある人の全体論的な理論と経験全体との一致関係を他者が知ることはできないという困難である。[26] ここでは、第一の困難の方だけを考えてみたい。

いま、われわれは全体論的な観点に立っているとしよう。そのとき、他者の総体的な理論についてわれわれが現実に知りうるのは、その人が真だと考えているもののうち、かなり小さな有限部分集合でしかない。だから、(全体論的な制約の下で) この部分集合に属する各文に確定的な内容を付与しようとすれば、その部分集合以外の残りのすべての文について、それらが全部真であるとか、一部が真であるとかいうような仮定を立てるしかない。そういう仮定の下で全体を押さえておかなければ、部分集合の文に内容を付与することはできないからである。しかしこの (残りの部分についての) 仮定は間違っているかもしれない。[27]

このとき、全体論において言語的不一致が生ずるとすれば、それはどのような場合だろうか。これを見るために、まず、二つの全体論的理論が同値であるというのがどういうことかを確認しておこう。[28] 全体論では、一つの理論は「全体として経験の裁きを受ける」のだから、その理論にとってどういう経験がうまく適合する経験であり、どういう経験がその理論では手に負えないやっかいな経験であるかが重要になる。このとき、二つの理論があって、どちらも同じ経験が手に負えない経験である場合に、それら二つの理論は同値だと考えることにしよう。そこで二人の人物 A と B がいて、A の理論と

Bの理論は同値でありながら、特定の文に対して割り当てられる真理値が異なっているという場合を想定しよう。言い換えれば、AとBの理論は、どういう経験が適合的で、どういう経験が理論に抵抗する経験であるかについてどちらも完全に一致するにもかかわらず、理論内の文に対する真理値の割り当てが異なっているのである。ダメットは、これこそが、全体論における言語的不一致のケースだと言う。しかしながら、もしこれが言語的不一致のケースであるとすれば、われわれは互いに相手との真理値の食い違いが言語的不一致であるのかどうかを検出することはできないであろう。というのも、われわれが相手の理論について知りうるのはその小さな部分集合であり、他の部分については単なる仮定に依存しているからである。そして、相手との不一致が意見の不一致なのか、それとも単なる言語的な不一致なのかが検出できないのであれば、それはコミュニケーションの可能性を疑う重要な論拠となる[29]。

最後に、これまでの二つのヴァージョンとは異なるタイプの反論を見ておこう。それは、全体論が言語実践の正当化の要求にまっとうに応えることはできない、という趣旨の反論である。誤解のないように少し説明を加えておきたい。これまでわれわれは次のように考えてきた。もし全体論的な言語観が採用されれば、論理的推論を正当化する必要はそもそも生じなくなる。これは改訂主義にとって非常に都合が悪い。だから全体論を拒否しなければならない。こういう方向で考えを進めてきたときに、全体論は言語実践の正当化の要求にまっとうに応えることはできないのだから、全体論はダメなのだと主張したとすれば、まるで改訂主義に都合が悪いという理由でもって、全体論を拒否しているかのような印象を与えるかもしれない。けれども、言語実践の正当化要求に独自の説得力ある理由を提示できるならば、その要求に応えることができないというのは、全体論を拒否する一つの論拠となるのではないか。ダメット自身は、全体論を拒否するためのまとまった論証という形でこのタイプの反論を提示しているわけではないが、いくつかの箇所で言われていることをつなぎ合わせてみると、一つの議論になるようにも思われる。ここで、そういう議論を再構成してみよう。

全体論の特徴を説明するときに、ダメットは、全体論者が言語において自分たちの意味したいことを何でも意味させることができるという趣旨の記述を何度か行っている。例えば「われわれの方は、われわれの言明がわれわれの意味させたいものを何でも意味するようにする権利を、確かにもっているのだから(30)」とか「われわれはわれわれが話したいように話すのであり、われわれの言語全体に関わるわれわれの実践は、その中のどの文の意味をも決定するのである(31)」といったものがそうした記述の実例である。ダメットはこれらによって何を言いたいのだろうか。もちろん、直接的には、それは実践の優位性であり、言明の意味は（そのようなものがあるとして）それに先立つ実践によって全体として決まるのだという、全体論からの一つの帰結であることにまちがいはない。けれども、その前後が全体論についてのかなり概念的な説明であることを考えると、この記述には何かしら特異なものがあるように感じられるのである。私の推測では、ダメットがこういう発言をするポイントは、言語の規範性にかかわっている。われわれが話したいように話し、言明によって意味させたいものを何でも意味できるようにさせられるならば、そこにわれわれの実践を規制するものは何もない、と言ってよい。これを、演繹的推論のケースに当てはめれば、われわれは推論したいように推論できるということになるだろう。実際には、ダメットは規範性については何も語っていないが、もしこうした読みが正しいとすれば、全体論的観点では規範の概念が意義をもちえないというのがダメットの主張だということになる。

これと同時に注意したいのは、ダメットが全体論についてこれらの記述を持ち出すとき、言語実践の正当化、特に演繹的推論の正当化の議論とセットにしてだ、という点である。この事実は、演繹の正当化の問題と規範性の問題が密接に関連しているというか、あるいはむしろ、言語の規範性＝正当化の可能性だという見方を示唆しているように思われる。分子論的な言語観のもとでは、われわれはつねに実践の正当化を求めることが可能である。これに対して、全体論ではそうした要求がそもそも成り立たない。だから、全体論では規範性を問題にすること自体が可能ではなくなってしまう。そしてその結果が、われわれが意味したいことを何でも意味できるということなのだ、というわけである。

そうすると、問題は、言語実践の規範性と演繹の正当化がどのように関係しているのか、である。それを見るために、ここでまずダメットの「保存拡大 conservative extension」[32]という概念を押さえておかなくてはならない。「保存拡大」は基本的には論理学の用語である。ある言語のもとである形式体系が与えられたとしよう。その上で、その言語に新たな語や推論規則を付け加えることによってその言語を拡張したとする。もちろんそのような拡張によって、それまでその言語では表現できなかったことが表現できるようになったり、これまでにない形での導出が可能になったりするであろう。

しかし、拡張以前のオリジナルな語のみによって表現できる命題に限って言えば、その拡張によってそれまで導出できなかったものが新たに導出できるようになるようなことが起こらない場合、そうした拡張を保存拡大と言う。ダメットは、実際にはこの語をもう少し非形式的に、認識論的な意味合いで使っている。例えば、いま（原子文としての）観察言明のみからなる言語を考えてみる。そして、それらの観察言明には個別的に真理条件があたえられているけれども、その言語には論理結合子やその他の演繹的道具が一切含まれていない、と想定する。そのようなものがはたして言語と呼べるのかどうかは、いまは問題にしないことにしよう。そのような単独の観察言明の集まりとしての言語に、例えば「そして」のような論理結合子とそれを支配する推論規則を付け加えたとする。このとき、新たに導入された演繹的装置によって、それまでその言語に含まれていなかった新たな観察言明が導き出せたとすれば、この付け加えは保存拡大ではない。その意味で、保存拡大を要求することは、言語の新たな拡張が以前の導出関係には手をつけないということ、言い換えれば、その拡張がもとの言語の矛盾のない拡張であることを保証せよという要求にほかならない。

では、この保存拡大は正当化の問題にどうかかわるのか。ダメットはこれを二つの仕方で説明している。第一に、すでに見たことだが、ある言明の使用には基本的に二つの異なる相がある。例えば、観察言明の使用の一つの側面は、あるタイプの刺激に対してわれわれが同意したりしなかったりする傾向性 disposition によって説明される。しかしその同じ観察言明には、もっと高度な理論的言明を介して非観察的に演繹されるという側面もある。これら二つの側面の間に調和を要求すること、すなわち、一方の側面において立証されたならば、必ず他方の側面においてもそれが立証されねばならないと要求することは、しごくまっとうな要求である。これは、例えば、「知覚的刺激が不同意を要求するような、そういう観察言明を演繹することが可能であってはならない」という要求にほかならない[33]。というのも、もしこれらの側面どうしの間に調和がないとすれば、われわれの言語が首尾一貫しないことになってしまうからである。このとき、知覚的刺激によって打ち立てられる観察言明をベースにして、それに対して理論的・演繹的な拡張を行うという見方をとれば、上述の二つの相の間に調和を要求することがそのままで保存拡大性の要求になっていることがわかるはずである。

一方、分子論的言語観では、ある言明について、その内容表示を与える言語断片を切り取ることがつねに可能だった、ということを思い出そう。そのとき、次のように問うことができる。この言語断片において表示される内容と、もっと広範なわれわれの言語実践の中で示される内容とが、はたして整合性を保っているのか。別の言い方をすればこうなる。分子論的な意味理論では、各文に個別内容を帰属するが、その内容の帰属は各文ごとに限定された断片言語において正当化されるであろう。しかし同時に、そうした正当化は、それらの文がより複雑な文の成分としてどう機能するか、あるいはもっと複雑な推論の中でどうふるまうのか、そうした働きによっても正当化されるかもしれない。このとき、この二種類の正当化が互いに矛盾のない正当化になっているのかどうか。この問いに肯定的に答えることは、まさに保存拡大の要求を満たすことにほかならない。これが第二の説明である。

保存拡大性の要求が以上のように解釈されるとき、それを要求すべしとするダメットの主張は次のことを含意するように思われる。われわれの言語実践は、つねにこうした保存拡大性の要求、あるいは正当化の要求にさらされている。この要求にいつでも応えられるということ、言い換えれば、われわれの言語を、一定の断片からの保存拡大の積み重ねとして描き出すことによって、言語の規範性は保証されるのだ、と。しかも、そのためのここで見た手続きが、いずれも分子論的言語観においてしか成り立たない、という点に注意を払わなくてはならない。もしわれわれが言語の規範性を何らかの形で提示しなければならないとすれば、分子論を採るしかない。全体論はそれを示せないのである。[34]

さて、この最後の議論は大分私の推測を交えたものであったが、いずれにしてもこうした議論を積み上げることによって、ダメットは全体論的立場が、実際にはかなり広範に受け入れられた見解であるにもかかわらず、維持しがたい立場であると結論する。私としては、ダメットのこうした議論には十分な説得力があると考える一方で、これらが全体論反駁の決定的議論だとは思っていない。というのも、全体論を持ち出す側とダメット側とでは、意味理論がなすべき事柄について随分と異なる考えをもっているように見えるからである。[35] この点についての評価は最終章まで持ち越すことにして、とりあえず改訂主義が問題なく成立するという前提のもとで議論を先に進めよう。

第四章　ダメットの直観主義

数学において古典論理を拒否し直観主義論理を支持するための議論はどのような議論になるだろうか。そして、直観主義論理を支持することがどのようにしてわれわれを反実在論と呼ばれるような立場に立たせることになるのか。この章では、いよいよダメットの直観主義を取り上げ、特にそのネガティヴ・プログラムと呼ばれる部分――古典論理を支持すると考えられる真理条件的意味理論がなぜ維持できないかを示す論証――がどのようなしくみの議論になっているのかを明らかにする。

1　真理概念の認識超越性

ダメットは、ここでもふたたび、言語から実在へという方向をもった議論を組み立てようとしている。彼の議論は、数学的言明についてどういう意味のモデル（あるいは、意味理論）を与えることが適切かという議論から始めて、特定の意味のモデルを採用した結果としていかなる形而上学的な描像が示唆されるのかを考察する、そのような方向をもっているのである。では、なぜわれわれはその方向を採らなければならないのだろうか。それをはっきりさせるために、これとは逆に、直観主義論理を支持するための形而上学的な描像から始まる議論をまずは見てみよう。

そのような議論をダメットはDummett［1973b］の中ほどで取り上げている。

このテーゼのもとでは、数学的対象は物理的対象とは違って、人間精神の創造物である。数学的諸対象は、たんにそれらについてわれわれが思惟できる、という意味においてだけでなく、それらの対象の存在とはそれらが思惟されることなのだ、という意味での思惟の対象である。数学的対象にとっては、存在とは思惟されること（esse est concipi）なのである。(1)

これは、プラトニストの見解――数学的対象が人間の精神活動とは独立に存在するという見解――に反対する主張の典型例である。数学は発明なのか発見なのかという問いに対して、この見解は、数学とは人間精神による発明なりと答える、そういうタイプの実在像である。

では、数学的対象が人間精神の創造物だというこの見方は、どのように直観主義論理を支持するのであろうか。数学においてわれわれが採用すべき論理は古典論理ではなく、直観主義論理なのだという帰結が、この反プラトニスト的見解からどのように導かれるのだろうか。その基本的な筋道はこうである。まず、言明の意味がその真理条件によって決まると仮定しよう。(2) この仮定は、物理的対象のように、それについてのわれわれの知識とは無関係に存在するもの、つまり、われわれの精神活動とは独立な実在、についての言明の場合には、何も問題を引き起こさない。なぜなら、そういう独立な実在についての言明に関しては、「それが述べている外的実在の組成に［実在そのものが］一致するか否かに応じて、われわれの知識から独立に、真ないし偽という確定した真理値をもつ、と正当に想定できる」(3) からである。ところが、反プラトニストたちが数学について主張するように、前もって確定している外的実在が存在しないとき、数学の言明が真ないし偽という確定した真理値をもつという想定は「空虚」な想定になってしまうのではないだろうか。というのも、この場合、われわれの知識や精神活動とは独立に言明に真理値を付与する「外的実在」のようなものはないのだから、それらの言明の真理値が、われわれとは独立に決まると考える根拠がなくなってしまうからである。それゆえ、言明が確定した真理値をもつという想定が維持できないとすれば、それらの言明の意味を真理条件的なモデルに基づいて説明することはできないであろう。こうして、これらの言明（数学的言明）については「真ないし偽という確定した真理値をもつ」という意味論的原理を認めることはできないことがわかる。したがって、この意味論的原理の統辞論的表現である排中律は妥当とは認められず、それを妥当とする古典論理は（少なくとも数学的言明に関しては）受け入れることはできないであろう。

この議論が、一種の形而上学的描像から出発し、古典論理を拒否へと向かう、そういう方向をもった議論だというのは明らかである。だが、ダメットはこの方向の議論はまずいと言う。それはなぜか。この方向の議論では、「まずはじめに数学的対象の存在論的身分を決定し、つぎにそれを前提にして、数学的真理の性格あるいは数学的言明の意味の正しいモデルを引き出す」という手順を踏まなくてはならない。ということは、数学的対象の存在論的身分を決定する段階では、われわれはいまだ数学的言明の意味についていかなるモデルももってはいないはずである。では、そういう意味のモデルすらもたない段階で、われわれはどうやって存在論的議論に決着をつければよいのか。しかも、数学的対象は直示したり、知覚による出会いが期待できるようなものではないし、何らかの効果を通して間接的に知りうるような対象でもないのに、である。数学的対象が人間精神の創造物なのか、それとも独立に存在する抽象的対象なのかという論争に、数学的言明の意味について何のモデルももたず、いわば丸腰で決着をつけようとしても、それは単にメタファーの応酬にしかならないであろう。だから、この方向での議論はまずいのだ、というわけである。

このことから、ダメットの議論がこれとは逆の方向をとる、すなわち言明の意味のモデル（意味理論）を設定するところから始めて、そこから数学的対象の存在論的身分へと向かうということがわかる。しかも、ここでいう「言明の意味のモデル」は、必ずしも数学的言明に限定されたモデルではない。われわれの言語一般についての意味理論こそが重要なのである。意味理論の一般性こそが存在論的な比喩を超えた論証を可能にしているということに注意しなくてはならない。すでに見たように、数学的言明が言語の孤立した一部をなすというわけではないからである。その意味で、数学における反実在論の論証は最初から言語一般を視野におさめている。[4] では、それは具体的にどのような議論になるのだろうか。

まず、問題の状況をおおまかに述べておこう。われわれはいま、言明の意味についてのモデル（意味理論）としてどういう意味理論が適切なのかを問うような地点に立っている。そして、古典論理を採用する者（端的に実在論者、あるいはいまの脈絡ではプラトニストと呼んでもよい）は意味についての正しいモデルは真理条件的意味理論だと主張する。このことがここでは前提になっている。その上で、われわれはその前提を反駁したい。では、それを反駁するにはどうすればよいか。もちろん、そのやり方は、真理条件的意味理論によって提供される意味のモデルは正しくないということを示すことである。そのためにダメットが論証すべきことは二つある。第一に、真理条件的な意味理論で中心概念として用いられる真理概念が、検証超越的あるいは認識超越的な真理概念であるということ（あるいは二値原理を成り立たしめるような真理概念だということ）、そして第二に、認識超越的真理概念が意味理論の中心概念としては機能しないということ、これら二点を論証しなくてはならない。これら二つの論証がここでの焦点である。これらが正当化できれば、古典論理を拒否し、直観主義論理を採用すべきだとする議論はほぼ尽くされたことになるからである。[5] 以下では、これらの論証を順番に見ていこう。[6]

まず第一に、真理条件的意味理論で用いられる真理概念が「認識超越的」[7] であるというのは、いかなることであろうか。これを明らかにするために、われわれはここでまず、ダメットが実在論をどのように特徴づけているのかを見ておく必要がある。

そして私は実在論をつぎのように規定する。すなわち、係争クラスの言明は、われわれがそれを知る手段から独立に、客観的な真理値をもつという信念として、つまり、それらの言明はわれわれから独立に存在する実在によって真か偽かなのである、という信念として規定する。反実在論者はこれに反対して、係争クラスの言明はわれわれがそのクラスの言明の証拠と見なす種類のものにてらしてのみ理解されるべきだ、という見解を対置する。言い換えると、実在論者はこう信じるのである。係争クラスの言明の意味は、われわれが入手しうるような類いのその言明の証拠と直接つながっているのではなく、その証拠をわれわれが持っているかどうかに依存しないで存在する事態によって当の言明の真偽が決定されるされ方に他ならないのだ、と。(8)

この引用で述べられていることをきっちりと押さえるために、最初に少し補足をしておこう。ダメットの実在論解釈は、二つの基本的な認識に基づいている。第一のものは、少し前に見たように、存在論的描像から意味のモデルへという方向を逆転させ、われわれとしては言明の意味のモデルから始めるしかないという認識である。第二は、実在論とそれに対立する立場の間の論争が哲学の様々な分野で生じていて、それらの論争どうしが互いに同型だという認識である。(9) だから、実在論と反実在論との間の論争は、ダメットにおいては、係争中の対象の存在、例えば、数学的対象の存在や科学における理論的存在についての論争ではなく、当該分野に属する言明の意味モデルについての論争として特徴づけられなくてはならない。引用で「係争クラスの言明」と言われているのは、そのような特定分野に属する言明のことであり、われわれの場合（数学における反実在論の場合）であれば、それは一定の数学的言明のクラスということになる。

もう一つ注意しなければならないのは、そして以下の議論で格別重要になってくるのは、次の点である。ダメットは引用中で「係争クラスの言明は、われわれがそれを知る手段から独立に、客観的な真理値をもつ」とか「それらの言明はわれわれから独立に存在する実在によって真か偽かなのである」と言っている。これは、単純に、ある種の観念論者に対して実在論者が言いそうなことだ、と受け取られるかもしれない。例えば「隣の部屋に人がいる」のような言明は、われわれがそれを確認していなくても、それとは独立に真か偽かである、というようにである。そして反実在論者とは、観念論者と同様に、この主張に反対し、われわれがそれを確認していない以上、その言明が真か偽かわからないではないかと主張する者だ、というわけである。しかし、ダメットが意図しているのはそういうことではない。この観念論的解釈は「われわれがそれ［真理値］を知る」という部分を、「われわれがそれを実際に知る」とか「現実に確認できる」と解釈することに基づいている。だが、ダメットが言いたいのはそういうことではなく、むしろ「われわれがそれを知る手段から独立に」という部分は「われわれがそれを知ることが可能ではないとしても」、あるいはもっと強く「それを知ることが原理的にすら可能ではないとしても」と理解されねばならない。だから、ダメットの実在論者は、ある種の言明について「われわれがそれらの真理値を原理的にさえ知ることができないとしても、なおそれらの言明は真か偽かである」と主張する人だ、ということになる。

実在論者がこのように理解されるとすれば、「認識超越的真理概念」の「認識超越的」がどう考えられねばならないかがわかってくる。ある言明について、われわれがそれを真であるとか偽であると知るということは、知覚情報によるのであれ、証明を構成することによるのであれ、あるいは文書や伝聞によるのであれ、何らかの証拠に基づいてそれを知るということであろう。だから、ある言明について「その真偽がわれわれに原理的にすら知りえない」と主張することは、その言明が真であれ偽であれいずれかの真理値をもつということと、われわれとの間には認識の上での、あるいは証拠の上でのつながりが一切ない、と主張することにほかならない。

そこで、ある人がある言明について、「いまだわれわれはその真理値を知らないし、どうやってその真理値を決定するか、その原理的方法すら知らないが、それでもなおその言明は真か偽かに決まっている」と主張したとしてみよう。上で確認したことに照らしてみれば、この人物が使っている真理概念は、それを真であるとわれわれが知るための一切の証拠とは無関係に真であったり偽であったりする、そういう真理概念、つまり、認識超越的、あるいは証拠による制約を一切免れた真理概念だ、ということがわかる。したがって、その人は、その言明を含む係争クラスの言明について、認識超越的な真理概念に基づく真理条件的な意味モデルを採用しているのである。同様に、プラトニストは、連続体仮説について、それが真か偽かわからないし、現在の所それを確かめるすべをもっていないにもかかわらず、真か偽かであると主張する。その意味で彼らもまた係争クラスの数学的言明に関して、それらの意味は認識超越的な真理条件によって決まると考えていることになる。

さて、補足をもう一つ。ダメットの議論を見たことがある人ならば（あるいは、第二章第3節での反実在論の暫定的特徴づけからすれば）、古典的な真理条件を特徴づけるのは、真理概念の認識超越性ではなく、二値性ないし二値原理（the principle of bivalence）――当該クラスのすべての言明は真か偽かのいずれかである――ではなかったか、と思うかもしれない。ダメット自身は、しばしば認識超越性と二値原理を区別しないで用いている。しかし、真理概念を特徴づけるのに、それが認識超越的であるとする性格づけとそれが無制限に二値原理に従うという性格づけとはまったく同じというわけではない。

たぶん、ある係争クラスのすべての言明について、それらが制限なしの二値原理に従う、すなわち、それらはいずれも確定的に真か偽かのいずれかである、ということを認めるならば、そこからそれらの言明の意味が認識超越的な真理条件によって与えられるということは帰結するであろう。というのも、実効的に決定可能ではない言明――有限回のステップでもってその言明の真偽の判定へと到達できない言明――について、それらはそれでもなお確定的に真か偽かのいずれかだ、と主張するならば、それは、それらの言明の真偽を立証する証拠やその認識とそれらが事実真であったり偽であったりすることとの間にいかなるつながりも認めないと宣言することになるだろうからである。問題はこの逆である。ある人が、認識超越的な真理概念を受け入れ、それゆえ実在論にコミットするとき、その人は同時に二値原理を受け入れるであろうか。例えば、ある言明が指示対象をもたない単称名辞を含んでいるとか、あいまいな表現を含むといった理由によって、認識超越的な真理概念にはコミットしながら、二値原理は拒否するというような状況は考えられるであろうか。

それが考えられるように思われる一つの筋道はこうである。あいまいさ（vagueness）について考えてみよう。あいまいさというのは、世界の側の性質なのだろうか、それともそれを記述する言語の本性に起因するものなのか。こういう問いが立てられたとき、例えば、言語は世界をありのままに記述するが、世界のあり方そのものがあいまいさを含んでおり、あいまいな表現はその反映にほかならない、というのは一つの答えである。これに対し、世界は一切のあいまいさを含んでおらず、あいまいさは、それを記述する言語の側の分解能の低さにある、と答えることも可能であろう。もし後者の見解をとるならば、次のように主張することは可能ではないだろうか。世界のあり方についてのわれわれの主張は、あいまいな表現を含むがゆえに、二値原理に従うわけではない（すなわち、それらの言明に関して真理値の欠如が引き起こされる）が、しかしそれでもなお、世界の側はあいまいではないのだから、われわれの主張のあるものに確定的な真理値を付与するはずだ、たとえ、われわれがそれがどの主張なのかを見いだせないとしても、というわけである。例えば、あいまいな表現を含む言明Aをとり、それから構成される排中律$A \vee \neg A$を考えてみればよい。この場合、Aも$\neg A$もいずれも真理値をもたないが、それにもかかわらず、$A \vee \neg A$は成立するのである。この場合、排中律の成立は二値原理に基づいているわけではないことに注意してもらいたい。Aも$\neg A$もどちらも真理値を欠いている。しかし、真理の認識超越性のゆえに、排中律は成立してしまうのである。

もちろん、以上はかなり大雑把な話であり、決定的な議論にはなっていない。だから、この話をもって、認識超越的な真理という概念と二値原理との関係について何か断定的なことを言うことはできないであろう。しかし、押さえておきたいのは、それらの間の関係はそれほどストレートなものではない、ということである。(10) こういう事情を受けて、以下では、実在論的な意味論を特徴づけるのは、基本的には認識超越的な真理概念の採用だと考えて、議論を進めることにしたい。ただし、ダメットの主張に言及する場合には、二値原理による特徴づけについて語る余地も残しておくことにする。

2　習得論証

ふたたび、ダメットによる反実在論の論証へと戻ろう。第二の論点、反実在論論証の核になる論点は、認識超越的な真理概念が意味理論の中心概念としては機能しない、ということを示すことであった。それを示すのに、ダメットは二つの論証を用意している。ライトに倣って、それらをそれぞれ習得論証 aquisition argument および表出論証 manifestation argument と呼ぶことにしよう。(11) ごく簡単に言ってしまえば、最初の習得論証は、実在論者が用いる認識超越的な真理概念を彼らはいったいどうやって習得したのか、それを示して見せよという反実在論側からの挑発に始まり、結局、実在論者はそれを示せないのだ、という結論で終わるような議論だとされる。これに対し、表出論証の方は、もう少し複雑な構造をもっている。ある人がある語の意味を理解していると（われわれが）判断するとき、われわれはその人にその語の意味の知識を帰属させる。では、どういうときにわれわれはそう判断するのか。ダメットは、そのような判断には正当化が必要だと主張する。すなわち、他者に対するそのような知識の帰属は、表立って示されるその人のふるまいにおいて正当化されなくてはならない、という制約を設ける。その語を理解している人と理解していない人との間には表立って示される相違がなくてはならないのである。この制約自体は「意味は使用である」というスローガンからの自然な帰結にほかならない。そのとき、認識超越的な真理条件に基づく意味理論（他者への意味帰属をどう正当化するか、それを述べることはその理論が達成しなければならない一つの課題である）はこの制約を満足するであろうか、反実在論者はこうチャレンジし、それが満たされないという結論に到達する。これが表出論証の大筋である。

いずれにしても、いま述べたのはひどく粗い筋道であって、われわれとしてはこれをもっと精密になぞる必要がある。まずは、習得論証から見てみよう。これについてダメットがもっとも明確な定式化を与えているのは次の箇所ではないかと思われる。

かれ［反実在論者］はこう主張する。われわれが係争クラスの言明の意味を把握するようになる過程や、それらの言明がその後使われるときのその使い方からは、それらの言明はその真を確立すると我々が認めるようになる類いのものから独立に真だ、という意味での真理概念は、どうしても引き出せない。［中略］その言明が真であるとはいかなることなのかを、その言明の真を確立するものとして扱うようわれわれが学びとったことから独立に理解する、ということは、ことの性質上、おそらくわれわれにはできまい。(12)

例えば、数学の言語（ある数学理論の言語）を学ぶとき、われわれは何を学ぶのかを考えてみよう。われわれが学ぶのは端的にその言語に属する言明の使い方である。すなわち「それらの言明が計算によっていつ確立されたと言えるのか、しかるべき計算をいかにしてなし遂げるのか、を学ぶ。それらの言明が何から推論でき、何がそれらの言明から推論しうるか、つまり、それらの言明が数学的証明においていかなる役割をはたすか、また数学外の脈絡にどのように適用できるか、を学ぶ。そしておそらくまた、もっともらしいいかなる議論によってそれらの言明が確からしくなるか、をも学ぶのである」(13)。その上で、ダメットは、これらが数学言語の意味を学ぶときに学ぶもののすべてだ、と言う。というのも、数学の言語を学ぶときに、表立って示されるのは、これらだけだからである。

これを納得するために、そうでないという主張、つまり、数学の言明について学ぶべきことは上述のような使用につきるわけではない、という主張を考えてみるのがよい。そう主張することは、数学的言明の使い方の中には一切現れない意味の成分があると仮定することにほかならない。それはまた「誰かがある数学理論の言語を教えられるとき、かれは直接教えられたすべてのことを習得し、それ以後はその言語を理解している人とあらゆる点で同じように振舞うのだが、にもかかわらず、実際にはその言語を理解していないか、あるいは不正確にしか理解していない」と仮定することでもある。もしこのような仮定を認めるならば、それは、意味を原理的に伝達不可能なものとし、私的な意味が存在することを認めることであろう。しかし、この可能性はすでに「意味は使用」テーゼによって除外されている。

したがって、われわれが所有しうるのは、習得しうるものだけなのである。使い方を学ぶという経験的プロセスを通してのみ、われわれは概念の把握に到達できるのであり、その意味で、その把握される概念は認識可能性を超えるものでもなければ、証拠的連関を超えるものでもない。ところが、プラトニストが採用する認識超越的な真理概念は、「その真を確立すると我々が認めるようになる類いのものから独立に真だ、という意味での真理概念」にほかならないのである。だから、そのような真理概念をわれわれはそもそも習得できないし、そういう真理概念に基づく真理条件が与えられても、そうした条件の成立・不成立を把握することもできない。要するに、認識超越的な真理概念に基づく意味理論はわれわれにとってまったく使い物にならないのである。そして、プラトニストが古典論理の基礎においている意味理論がこの使い物にならない意味理論である以上、われわれは古典論理を拒否せざるをえないであろう。習得論証は一般にこういう形の議論だと説明される。

だが、この議論は十分な説得力をもつであろうか。実際、このように解釈されるものとしての習得論証に関しては多くの欠陥が指摘されてきた。われわれとしては、ダメットの習得論証が本当にこのような形の議論なのか否かを問題にしなくてはならない。しかし、さしあたりはこの解釈を受け入れた上で、そのような習得論証のどこに欠陥があるのかを見てみることにしよう。

一つの問題は、「意味は使用」テーゼの制約のもとで考えられる習得可能性が、経験主義的な習得可能性に近いものにならざるをえないように思われる、という点にある。そのために、経験主義の習得理論が抱える困難を習得論証自体も抱えざるをえないことになってしまうのではないか。実際、われわれは経験のみを介しては決して到達できないような様々な概念を所有しているように思われる。例えば「完全な円」というのはそのような概念であるように思えるし、またいまわれわれが現に言及してきた「認識超越的な真理概念」という概念自体もそういうものであろう。もしこれらがいかなる意味においてもわれわれに所有できない概念であるならば、いったいわれわれは何について語っていることになるのだろうか。

ここで、習得論証に対する一つの反論——マッギンによる反論——を取り上げてみよう。[14] いま、言語Lを使用する話者たちのコミュニティCを想定する。Cのメンバーは、われわれ人間と同様の認知能力をもつが、われわれのように動き回ることはできない。ちょうど、地面に根を生やした樹木のように、彼らはそれぞれの場所に固定されているのである。そして、彼らが固定されている場所は、ある山の北側であって、そこは彼らも観察できるが、その山の南側は彼らからは隠されており、いかに彼らの認知能力を駆使してもそこに接近することはできない。また、そのあたりには羊がいて、それらは自由に動き回れるのだから、山の北側と南側を行ったり来たりしており、さらにCのメンバーたちはそうした羊の動きに十分な関心を払っているとする。最後に、彼らの言語Lは、羊を表す固有名や述語、さらには「山の北側で…が成り立つ」および「山の南側で…が成り立つ」をそれぞれ意味する文演算子NとSをもち、通常の論理結合子や羊を議論領域とする量化子を備えるなど、十分なリソースをもっていると仮定しよう。

こうした仮定的な状況のもとで、この言語Lは明らかに実効的に決定できない言明を含んでいる。例えば、羊の上を量化した全称量化文や$S(A)$（「山の南側でAが成り立つ」）のような文がそうしたものであろう。したがって、反実在論者は、習得論証を使って、その山の北側で羊が何をしているかについての言明には実在論的な真理条件が適用できるが、山の南側についてはそのような真理条件は適用できない、と主張するはずである。つまり、山の南側の出来事についてはニ値原理を適用することはできない、と彼らは主張するはずである。このケースが、先の「隣の部屋に人がいる」のような例とは違っていることに注意しておこう。山の南側のケースは、Cのメンバーがそれを確認しようと思えばできたが、たまたま確認していないというのではなく、彼らの物理的条件からして原理的にそれは確認しようがないのである。その意味でそれらの言明は「実効的に決定可能」ではない。

しかし、それでもなおコミュニティCのメンバーたちは、山の南側が存在し、そこで様々な出来事が生じていると考えられるような、そういう「実在の、確定的に構成された領域」を獲得できるのではないか、あるいは、そのような観念に到達できないと考える方が難しいのではないか、マッギンはこう主張する。(15)それは、実効的に決定可能な領域で成立することを決定不能な領域にまで投射projectionすることによってでもなければ、決定不能な領域で成立したことがたまたまCのメンバーに知られる、そういう部分的な知識を全体にまで敷衍することによってでもない。マッギンが上のように主張するのは、習得論証による制約を考慮する必要はないと考えるからである。

マッギンがダメットの習得論証にかぎとるのは、経験主義の一つのドグマ、還元主義である。彼の議論はこうである。ダメットの習得可能性は、パラダイムケースとして観察言明に訴えていることからもわかるように、あまりに経験主義的な概念ではないだろうか。というのも、習得論証がわれわれに要求しているのは、言語理解には、「感覚上に提示される条件によって引き起こされるような概念以外の」いかなる概念も入り込んではならない、ということだからである。その結果、言語を学ぶということは、ある主張を、その主張が正当化できるような状況下でのみ主張できると学ぶことであり、そうであるからこそ、言明の内容は、われわれがそのようにして実際にさらされている状況を越え出ることはできないのである。こうなれば、実在論者が苦境に陥らざるをえないのは明らかだ。マッギンはここに還元主義――「われわれの概念図式はわれわれの経験を越え出ることはできない」――がかぎとれると言う。その上で彼はこう続ける。こういう還元主義を受け入れる必要がないというのは、いまや常識なのだから、われわれはダメットの習得論証を受け入れる必要はない、と。

マッギンのこの指摘は、これまで見てきた形での習得論証に関するかぎり、けっこう的を射ているようにも見える。だが、その点を別にして、ダメットの反実在論がそういう経験主義的なドグマに陥っているというようなことはあり得るだろうか。反実在論の側からすれば、そんなことはとてもありそうには思われない。というのも、経験を越え出るという点で言えば、その最も明瞭な実例は、言語そのものに見てとれるからである。われわれは以前に出会ったことのない際限なく数多くの文を理解することができる。この事実は、明らかにわれわれが実際に経験してきた事柄の限界を超えている。ダメット的反実在論者は、しかし、この事実を否定したり無視したりするわけではなく、むしろいかなる意味理論と言えども配慮しなければならない重要な事実だ、と考える。だから、反実在論者は、経験を越えた概念の習得を決して否定するわけではない。さらに、論理実証主義のように、検証できない言明はすべて無意味だと主張するわけでもない。反実在論者は、連続体仮説が無意味だと言っているわけではないし、山の南側で羊がどう行動したかについての言明が無意味だと主張するわけでもない。問題なのは、そういう実効的に決定できない文をわれわれが理解するか否かではなく、そういう文の理解をどう説明するか、その説明の仕方であり、その点で実在論的な説明は適切ではないというのがダメット的反実在論のポイントである。このことはきっちり押さえておかなくてはならない。

以上を受けて、今度は表出論証を見てみよう。これまでの話が全体として正当なものであるとすれば、習得論証には問題があると言ってよい。だから、最近の議論では反実在論の論証として習得論証が言及されることはあまりない。あっても、表出論証の補足としてくらいのものである。しかし、私自身は習得論証がそれほどつまらない議論ではないのではないかと考えている。つまり、上のような理解とはもう少し違った理解があり得るのではないか、と考えている。ただし、それを示すためにも、われわれとしては、反実在論のメインの論証としての表出論証を明確に理解しておかなくてはならない。だから、いままで述べてきたような習得論証は一旦括弧に入れてもらって、あらためて表出論証に向かうことにしたい。

3　表出論証

表出論証は、ダメットの意味理論の核心とでも言えるような一つの洞察から始まる。それは、すでに前節で引用した、私的な意味がありえないことを論ずる箇所にもっとも端的に示されている。ここで、もう一度その箇所を引いておこう。

数学的言明の意味はその使い方を決定し、その使い方によって余すところなく決定される。そのような言明の意味は、その言明が使われる使われ方にはっきり現われないで、その意味を理解する当人の心の中に宿るだけ、というようなものではあり得ないし、そのようなものを成分として含んでもいない。もし二人の人間がその言明の使い方について完全に合意するならば、かれらはその意味について合意したのである。(16)

ダメットがこの引用で言わんとしているのは、基本的には、言明や語の意味は社会的な脈絡において伝達されうるのでなければならない、というごくありふれた見方である。だが、彼のポイントは次の点にある。そのようなありふれた見方が成立するためには、話者や聞き手のそれらの言明や語に関する理解がそれらの使い方において表立て示されなくてはならない。この認識が、表出論証を支える一番の基礎にある。そして、この認識は、意味とコミュニケーションのつながりを認めるかぎりにおいて、誰にも否定できないようなものだと考えられている。今後の議論のために、この後半の洞察をもっと簡単に定式化しておこう。

ある人がある文の意味を知るとき、その知識は、その人がその文を使用する、その使用において「表出 manifest」されなくてはならない。あるいは、そのような意味の知識は、その文を一定の仕方で使う能力を所有することからなるのであり、そのような能力の所有もまた使用において表立って示されなくてはならない。

以下では、これを「表出の要求」と呼ぶことにしたい。もちろん、この要求は出発点におくべき基本的要件、ないしは、ダメット意味理論の公理とも言うべきものであって、これ自体が表出論証だというわけではない。論証そのものが成立するためには、さらにいくつかの前提が必要である。それらをあわせて全体として、実在論者の意味理論が意味理論として果たすべき役割を果たせないということ、言い換えれば、実在論者の意味理論は表出要求を満足できないということを示すのが表出論証である。

その全体的な流れを見る前に、まず残りの前提を確認しておこう。いま扱っているのは数学のケースなのだから、話をそこに限定することにする。ある数学理論、例えば、算術の理論を例にとろう。

もし、算術のすべての文について、その真理値を確定する手段があるとすれば、古典的真理条件に基づく意味論が主張するように、それらの真理値が、われわれの認識や入手しうる証拠とは独立に、原理的に決まっていると考えることには何の問題もない。これは、反実在論者にとっても同様にまったく問題ない。というのも、このような場合には、「隣の部屋に人がいる」のケースと同様に、それらの文の真理値を実際に確認する手段が原理的に保証されているからである。その意味で、ここでの「認識や証拠からの独立性」はかなり弱い独立性でしかない。しかし、当然のことながら、われわれはここで、そのように想定することはできない。なぜなら「われわれが妥当なものとして把握したり、認識したりできる推論様式［の全体］が、すべての算術言明の証明もしくは反証を生み出せるほど十分に強力であると想定するアプリオリな理由はない」[17]からである。実際、数学全般どころか、算術においてすら、単にその真理値をわれわれが知ることのできないだけでなく、それを知る手段さえもちえない、そういう言明が存在する。つまり、実効的に決定可能ではない言明が算術には存在する。[18]これが表出論証の第一の前提である。その結果、上のように、算術のすべての文についてその真理値を確定する手段がある、と仮定することはできなくなってしまう。

問題は、実効的に決定可能ではない言明があるときに、実在論者やプラトニストたちが考える古典的意味理論によって、われわれがそれらの言明を理解するという事実を説明できるのか、という点にある。この疑いが生ずるのは、彼らの意味理論によれば、言明の理解はまさにその言明が真であるための条件を知ることからなる、とされるからである。例えば、実効的に決定不能なある言明が、自然数領域の上への無制限な量化によって形成されたとしてみよう。このとき、実在論的な意味理論に従えば、この決定不能言明の理解は、それが真であるための条件を知ることであるはずだ。ただし、その真理条件は、個々の代入事例の真理条件に基づいて理解できるような条件ではない。ところがそうなってしまうと、われわれが言明を真として認識するための実際に使える手段と、無限領域上への量化という操作の理解とが結びつけられなくなってしまうであろう。そのような状況が生ずるにもかかわらず、その一方で、実在論者は、それらの言明についてもそれらが確定的に真か偽かのいずれかである、という真理概念を保持し続けているのである。これはとてもおかしな事態ではないだろうか。以下では、このあたりの事情をもっと明確にしてみよう。

さて、ダメット的直観主義者は実在論者あるいはプラトニストに対していま述べたような非難を行うのだが、ここにはちょっとした仕掛けが施されている。われわれは実在論者の意味理論についてあっさりと「言明の理解はまさにその言明が真であるための条件を知ることからなる」と言った。しかし、実在論者はたぶんこうは言わずに、「言明の意味はその言明が真であるための条件である」と言うのではないだろうか。「理解」とか「知る」といった語がそこで使われることはない。これに対し、ダメットはここに「理解」と「知る」の挿入を要求するのである。この相違に、ダメットの考える意味理論の一つの重要な特徴が示されている。彼は、意味理論が理解の理論 theory of understanding でなければならないと主張する。意味理論は、ある語や文をある人が理解するときに、それらを理解するということがどういうことかを説明できなくてはならない。このことは、すでに先取りして述べたように、意味理解の帰属――ある語や文をある人が理解しているとして、それらの意味理解をその人に帰属させること――をどう正当化するか、という問題を含んでいる。そしてその正当化のための規準として提案されているのが、表出の要求である。だから、ダメットは、「言明の理解はまさにその言明が真であるための条件を知ることからなる」と述べることによって、すでにその表出の要求を議論の中に組み込んでいるのである。したがって、ダメットがプラトニストに突きつけているのは、実効的に決定不能な命題の意味理解を認識超越的な真理条件によって説明するときに、その理解をもつ人ともたない人の相違をいかに特徴づけるのか、それを示して見せよという要求だ、ということがわかる。

もう少し具体的に考えてみよう。いま、二人の人物AとBとを考えよう。その上で、Aは言明Xを理解しているが、BはXを理解していないとしよう。このとき、Aに対してXの理解を帰属し、Bに対してはそれを帰属しないというわれわれの判断はどのように正当化されるのか。このとき、もしXが、なんでもいいが、ある自然数nについて「nは素数である」のような言明であったとすれば、それを理解しているか否かは、何らかの形で表立って示されるはずである。例えば、「それを3で割ってみれば？」というような示唆に対して、「そんなことできるわけないじゃないか」と答えたり、その数を割ろうとしてしているときに、それは素数だと指摘されて、すぐにその試みをやめる、といった具合にである。あるいは、実際に5でnを割って見せて、割り切れるのだから「これは素数ではないじゃないか」と言うような場合もあるだろう。このとき、その人が「nは素数である」の意味を知っている、あるいはその言明を理解していると判断することに何も問題はない。他方、素数だと指摘されても、相変わらずどれかの数で割ろうと試みる人がいたとすれば、われわれはその人に素数概念の帰属を差し控えるであろう。たぶん、意味理解の帰属はこのような形で判断されると考えられる。

では、このような意味理解（の帰属）を真理条件によって説明するとすれば、それはどのようなものになるであろうか。上と同様に「nは素数である」を取り上げよう。「nは素数である」という言明の真理条件を把握するということは、この言明が真であるとはいかなることかを知ることである。例えば、「nは素数である」の真理条件を知るということは、「nが、1と自分自身以外のいかなる数によっても割り切れない」ことを知ることであろう。しかし、もしすべての言明の意味がこのような真理条件によって与えられると考えてしまうならば、一つの困難が生じてしまうように思われる。というのも、ちょっと考えてみればわかることだが、言明であれ語であれ、それらの意味を別の言葉で述べるという手続きは、それをあくまでも貫徹しようとすれば、どこかで循環か無限背進に陥らざるをえなくなってしまうからである。ダメットはこの事情を次のように述べている。

ところで、特定の記号や表現の意味を知ることが言葉で表わし得る知識である、という場合がよくある。すなわちその知識が、それらの表現や記号を使う諸規則を述べたり、あるいはそれを他の同値な表現や記号列に置きかえるその仕方を述べたりする能力である、という場合である。だが、意味を知ることが一般に言葉で表わし得る知識だと仮定することは、無限背進に導くであろう。［中略」だから、一般に数学の言語の理解を構成すべき知識は、暗黙の知識でなければならないのである。[19]

意味の知識が基底的な部分では暗黙の知識でなければならないという主張は、表出論証の第二の前提である。そして、引用では述べられていないが、そうした暗黙の知識を誰かに帰属するには正当化が必要であり、その正当化はふるまいのレベルで表立って示されるものによるしかない、という表出の要求がこの場面で決定的に重要になってくる。もし問題の知識が暗黙の知識ではないならば、その知識の帰属は、別の表現を使った言い換えによって充分表に示されるであろう。だが、その知識が暗黙の知識ならば、すなわち、その知識が別の言葉による言い換えを許さないような知識であるとすれば、その知識を所持するという事実は言語的な記述として直接表に出てくることはない。それは、間接に言語的な記述を通して示されるか、あるいは非言語的なふるまいによって表出されるしかないのである。

このことが真理条件の場合にどう効いてくるかを考えてみよう。ある文の意味の把握がその真理条件を知ることだとされるならば、言語的知識が暗黙の知識だという事態は、真理条件的な意味理論に重大な帰結をもたらすように思われる。なぜなら、「ある文が真であるための条件を述べる能力とは、所詮、その文の内容を他の言葉で表現する能力以上のものではない[20]」からである。このことからただちにわかるのは、もしある人が真理条件によって意味を説明し、同時に意味の知識が基底的なところで暗黙の知識だということを認めないとすれば、その人は当該領域のすべての言明の真理条件を循環なしに述べることができるような包括的な言語を持っていなくてはならないはずだ、ということである。当該の領域が比較的小さいような場合、そしてある種の還元主義が認められる場合には、暫定的にこういう想定を行うことは可能であるかもしれない。しかし、一般には、こういう想定は意味をなさないように思われる。(21)

では、暗黙の知識を認め、なおかつ意味が真理条件によって与えられるという立場を堅持するとすれば、事態はどうなるか。この点をはっきりさせることが表出論証の最終段階である。ふたたび、「nは素数である」を取り上げよう。先に見たように、この言明の真理条件を別の言葉で表現することはできそうであったが、いまかりにそれが可能ではないとしてみよう。すなわち、「nは素数である」の真理条件をわれわれは暗黙の知識として把握しなければならない、としてみよう。しかしながら、この場合は格別問題は生じない。というのも、いかなるnが与えられようとも、「nは素数である」は実効的に決定可能だからである。そのような言明の場合、われわれはその真偽を決定するための実効的な手続きをもっている。この手続きをいかに習得し、いかに行使できるかによって、その暗黙の知識の所有は表立って示されるであろう。ここでは、われわれが言明を真として認識するための実際に使える手段と、その言明の真理条件の成立・不成立との間に乖離は生じていない。かりに、ある言明の真理条件が成立しており、われわれがそれを知らないとしても、われわれはその決定手続きを行使して、いつでもその成立を認識できるような地点に入り込むことができるからである。そしてそのような認識を達成したときには、その事実がわれわれの言語的ふるまいによって顕在化されることに何の問題もない。つまり、真理条件の成立・不成立とその認識との間にギャップが生じたとしても、実効的に決定可能な言明の場合には、決定手続きの存在により、そのギャップを橋渡しすることが可能なのである。

ところが、表出論証の第一の前提により、数学の言明は実効的に決定可能な言明だけではない。そして、問題の言明が実効的に決定可能ではない場合（そのような例としては、ゴールドバッハの予想「4以上のすべての偶数は素数の和である」を考えておけばよい）には、事情は根本的に異なったものとなる。ある言明が与えられたとしよう。仮定により、それは実効的に決定できないのだから、その真理を認識するための実効的な手続きはない。だから、その言明が真だとしても、あるいは偽だとしても、そのことをわれわれが実際に知ることはないし、知るための手続きももってはいない。したがって、この言明の真理条件の成立・不成立とわれわれがその成立・不成立を知ることとの間にはギャップが生じてしまう。そして、そのギャップを橋渡しする手段は、この場合には与えられていない。

ところが、プラトニストは、そのような、われわれの認識とは切り離されたところで成立したりしなかったりする条件を把握することが、その言明の意味を知ることだ、と主張するのである。この主張はあきらかにおかしい。というのも、そのような条件を把握するということがどのようなことなのかが、全然わからなくなってしまうからである。表出の要求に則って、われわれとしては真理条件の把握を次のように考えたい。ある言明の真理条件が成立していることを認識した場合にはいつでも、われわれはその言明を真だと認めるのであり、そう認めたことは何らかのふるまいを通して表に示されるはずだ、と。ところが、もしプラトニストの主張する通り、真理条件の把握がわれわれの認識とは無関係に成立するような何らかの事態の把握であるとすれば、いま述べた真理条件の把握の説明では十分ではない、ということが帰結する。逆に言えば、彼らが言っていることは、いくら真理条件の成立を認識し、その認識をマニフェストできたとしても、言明の意味把握がそれによって尽くされることはない、ということに等しいのである。したがって、彼らにとって真理条件の把握は、われわれの認識を越えた何か、言い換えれば、表出の要求を超越した何かにほかならない。だが、こう主張することは、コミュニケーションの中には決して現れることのない意味という観念を導入すること以外の何ものでもないのではないだろうか。こうして、真理条件的な意味理論の不備があらわにされるのである。

一言でいえば、意味が社会的に伝達可能なものだという基本的な事実を古典的意味理論では説明できないと論ずるのが、表出論証である。話がいささか込み入ったきらいがあるので、論証の基本的な筋道を再確認しておこう。まず最初に表出の要求──意味の把握、あるいは意味の帰属は、その語や文の使用のうちに表出されなくてはならない──が立てられた。もしこの要求を満たせないならば、その意味理論が提示する「意味」はコミュニケーションにおいて使われるような意味概念ではない。そのいみで、この要求は動かしようのない公理の位置を占めている。次に、二つの前提がおかれた。第一の前提は、数学の中には実効的に決定できない言明が存在するという前提であり、第二の前提は、言語の意味に関する知識は、基底的なところでは暗黙の知識でなくてはならない、というものである。これら二つの前提はいずれも、疑問の余地なく認められるように思われる。とすると、われわれはこれらの前提から次のように論ずることができる。

プラトニストは、言明の意味はその真理条件からなると主張する。だから、言明の意味を把握することは、その真理条件を把握することでなくてはならない。ところが、実効的に決定できない言明の場合には、その真理条件の成立・不成立と、その成立・不成立をわれわれが認識する可能性とが完全に切り離されてしまう。もし真理条件の成立・不成立を認識する何らかの手段が用意されていれば、その手段を介して、真理条件の成立・不成立の把握を表出要求の充足へともたらすことができるが、そういう手段が一切与えられていない以上、真理条件の把握が表出の要求を満たすことはできないのである。そのとき、なお意味の把握が真理条件の把握だと言うならば、その「意味」は他者への伝達回路があらかじめ遮断されているようなものでしかない。こうして、実在論的意味論には重大な欠陥があることが示された。

ダメットの議論は大筋ではこういうものである。しかし、このようにまとめてしまうと、第二の前提――意味の知識は基底的なところでは暗黙の知識である――がこの論証全体にどう働いているのかがわからなくなってしまうかもしれない。表出論証の締めくくりとして、この点を確認しておこう。「暗黙の知識」の前提は、まず第一に、表出の要求そのものを補強するという役割をもっている。意味の知識のすべてが別の同値な表現によって言語化できる知識ではないとすれば、そういう暗黙の知識の所有は、何らかの能力として示されるしかない。このことが、意味の知識を単に記述として表現されるものとしてではなく、使用において示されるものと考えねばならない理由を与えている。

しかし、第二の前提の役割はこれだけではない。それを見るために、まず、表出論証について一つの疑問を述べておこう。表出論証におけるポイントの一つは、数学には実効的に決定できない言明があるということであった。一方、第二の前提は、意味の知識がすべて暗黙の知識だ、ということまでは述べていない。それが述べているのは、基底的なところでは、暗黙の知識にならざるをえない、ということであった。それゆえ、実効的に決定可能ではない言明の意味が必ずしも暗黙の知識とされなければならない理由はないことになる。そうすると、かりに、実効的に決定できない言明に関しては、その知識が言語的な記述によって与えられる、ということが示されるならば、第二の前提がここで働く余地はないように思われる。これが疑問である。

この疑問に対する一つの答え方は、次の事実を立証することである。

> 認識超越的な真理条件をもつ言明（例えば、実効的に決定可能でない言明）は、その意味の知識が言語的記述として与えられるような範囲の中に現れるだけでなく、その意味の知識が暗黙の知識としてしか与えられないような範囲にも出現する。

しかしながら、ダメットはこれを直接的に立証してはいない。むしろ、彼がやっているのは、次のようなことである。実効的に決定可能でないある言明を考えよう。そのとき、その言明を実効的に決定可能でないものとするのに寄与している表現があるはずである。例えば、無限領域の上への量化がそうした表現の候補になるはずである。このとき、この量化表現が明示的な言語的知識として、循環なしにわれわれの言語に導入される、ということは考えられるであろうか。それは考えられない。もしそのような導入の仕方があるならば、当の言明は、その導入の仕方に基づいて決定可能になってしまうからである。その意味で、実効的に決定可能でない言明は、その意味が暗黙にしか知られないような言語断片に含まれざるをえないことになる。このことは、上述の事実を間接的に立証したことになると思われる。したがって、最初の疑問には否定的に答えることができ、その意味で、暗黙の知識に関する前提は、表出論証においてきちんと働いていると見てよい。

以上が表出論証の中味である。もしこの論証がうまくいっているならば、真理条件的意味理論には欠陥があり、数学の言語の意味モデルとしては採用できないということが帰結するであろう。しかし、表出論証については、膨大な反論がある。次節では、そうした反論のうち主要ないくつかを取り上げて、逆にそうした反論がどういう誤解に基づくかを明らかにしながら、表出論証の特徴とその射程をもっとはっきりさせてみたい。しかしながら、そちらに議論を移す前に、このような反実在論の議論を前にしたときに当然生ずると思われる疑念に一言だけコメントを付しておこう。表出論証を前にしてただちに思い浮かぶのは、では、反実在論者は実効的に決定できない言明の理解をちゃんと説明できるのか、という疑問である。答えはもちろん、ちゃんと説明できる、以外にない。しかしその説明は次章で行う。とりあえずここで注意しておいてもらいたいのは、これまでの議論からわかるように、表出論証が基本的にネガティヴな議論であるということ、そしてこのネガティヴな議論がうまくいっているかどうかという問題と真理条件に取って代わる反実在論者の説明がうまくいっているかどうかという問題とは一応独立であって、かりに反実在論の側の説明がうまくいっていないとしても、そのことが表出論証の意義を損なうことはない、という点である。

4　「表出の要求」とは何か

まず、ある種の誤解にもとづくと思われるような反論から考えてみよう。先に取り上げたマッギンやアピアーは、表出論証に対して次のような反論を展開している。ここではアピアーの反論を取り上げる。

「百万年前に地球上で雨が降っていた」という文を考えよう。ある人が、現在の雨についての文で「雨」を適切に使用し、百万まで数えることができ、一年の長さがどれくらいかを知っており、近い過去との関連で過去時制の把握を示しているとき、これらの事柄が、この人がこの文に正しい真理条件を割り当てている証拠ではないのは、なぜなのか。〔中略〕証拠ではないと想定することは、何かが壊れやすいということを壊してみてはじめて発見できると考えるようなものである。意味の説明において文への同意が中心的なものになるからといって、そのことから次のような要求が出てくるわけではない。すなわち、文の意味についての証拠は、それらの文への同意にかかわるものであるべきだ、と。統辞論的に関係づけられた諸性質をもつような、他の文への同意で充分でありうるのである。(22)

「百万年前に地球上で雨が降っていた」は数学の言明ではないが、われわれには到達できない時空領域への言及を含んでいるために、実効的に決定可能でない言明と同類の言明だとここでは考えられている。その点はいまは問題にしない。アピアーが言いたいのは、そのような言明の真理条件をわれわれが直接把握することはできないかもしれないが、だからといって、われわれがその真理条件を決して把握できないということにはならない、ということである。われわれは、近い過去の出来事についての過去時制言明ならば、その真理条件を把握できるし、百万という数も把握できるし、「雨」を含む現在時制の言明の真理条件も把握できる。こうした把握を通して、「百万年前に地球上で雨が降っていた」のような言明といえども、われわれはその真理条件を把握できるのではないか。そして、その真理条件の把握をその言明そのものへの同意として直接マニフェストすることはないとしても、関連する現在時制言明への同意・不同意によって間接的にマニフェストしたと言えるのではないか。

しかしこの反論はうまくいっていない。問題は、われわれが実際にその真理条件の成立・不成立を認識できる言明をいくらかき集めてきても、その全体によって当の実効的に決定可能でない言明の真理条件を認識できるということは帰結しない、という点にある。アピアーが言っているのは、単に「百万年前に地球上で雨が降っていた」がわれわれにも理解できるということでしかない。マッギンの議論も含めて、この手の反論が主張しているのは、実効的に決定できない言明もわれわれには理解できるのだから、われわれはその真理条件を把握しているはずだ、という論法である。これは、明らかに論点先取を犯している。反実在論者は、実効的に決定可能でない言明が理解できないなどとはまったく主張していない。問われるべきことは、それらを理解しているという事実がまずあって、その事実を真理条件によって説明できるのか、ということである。これに対して、われわれはそれらの実効的に決定不能な言明を理解しているのだから、その真理条件を把握しているはずだ、というのでは反論にはならないのである。

とはいえ、このアピアーの言い分にも何かしらもっともなところがあると感じた人もいるかもしれない。われわれがいままで出会ったことのない文に出会ったときに、それが理解できるのは、その文に含まれる語をすでに知っているからではなかったのか。言い換えると、そこに合成原理がうまく働いているからではなかったのか。その点で言えば、アピアーの文に登場するすべての語の意味をわれわれはすでに把握しているのだから、われわれにもその文は理解できるはずではないのか。そして、理解ということだけに関して言えば、それで十分なのではないか。このように考えた人もいるかもしれない。

しかし、そのように考えた人には、真理条件によるのであれ、検証条件や正当化条件によるのであれ、何か一つの中心相にもとづいて意味理論が構築されなければならなかったのはなぜか、をもう一度思い出してもらいたい。一つの中心相に訴えて意味理論を構成することには、少なくとも二つのポイントがある。一つは、注6ですでに述べたように、意味理論は当該言語の各文について、その文の意味表示を体系的に提示しなくてはならない、という点である。第二に、合成原理にしたがって、語の意味理解から文の理解へと進むのだとしても、その際に合成される各々の語のそれぞれの働きはどのように知られるのかという問題がある。それは、文の中心相に対するその語の寄与を通してではなかったのか。だから、いまの文脈で問われているのは、そのような各語の意味から文全体の理解へと進む筋道を体系的に説明するのに相応しいのはどういう中心相なのか、なのである。これに対してアピアーの批判は何も答えていない。彼の批判はまるで中心相としての選択肢が「真理」という概念一つしかないかのようである。もし選択肢が複数あるならば、その中の一つが他のものよりも優れていることを何らかの根拠をもって示さなければならないはずである。しかし、アピアーはそうした根拠を何も与えておらず、そのいみで、まったく不十分な批判にしかなっていないのである。

アピアーからの引用には、もう一つ問題がある。彼は、そこで、文への同意について語っているが、このことは、真理条件の把握が文への同意・不同意によって表出されると彼が考えていることを意味する。このような解釈は、表出の要求を過度に狭く見るような解釈であって、ダメットの立場が結局は行動主義の亜流にすぎないとする見方につながる。表出論証をこのように解釈することはまったくの誤りである。しかしここでは、問題を指摘するにとどめておくことにする。この点についてのきちんとした議論はもう少し後で行うことにしたい。

さて、以上から、実効的に決定可能でない言明の真理条件を理解することが、いかにしてその言明の使用において表立って示されるのか、という表出の要求に対して、アピアーやマッギンの反論は直接答えていない、ということがわかった。しかし、この表出の要求を正当な要求と認めた上で、この要求に対して次のように答えることが可能かもしれない。プラトニストは、まさに「古典数学者を直観主義者から区別するような言語行動における違い、すなわち、古典的な推論様式の使用によって」自らの真理条件の把握をマニフェストしているのではないか。つまり、採用されている推論様式の違いによって、真理条件の理解はすでに表立って示されているのではないか、という反論である。これは、ダメット自身が取り上げている反論である。

では、ダメットはこれに対してどう答えているのか。彼の答えはこうである。

もしわれわれが数学的言明に関して真理のある考え方を把握しており、その考え方のもとでは二値原理が成り立っているとすれば、古典論理の法則が妥当だ、ということは疑いなく事実である。だが、これらの法則に一致して推論するという単なる傾向性 propensity が、そうした真理概念の把握を構成しているなどということは決してありそうにない。(23)

この答えはいささかわかりにくいかもしれない。しかし、この答えは、表出論証に関してきわめて重要なことを示唆している。ダメットは、この引用箇所に続いて、反事実的条件法の例を取り上げ、一定の法則に一致して推論する傾向性と真理概念の把握とのズレが生ずる場面を示そうとしている。明らかに、反事実的条件法について、われわれは二値原理に従うような真理概念をもってはいない。その一方で、子供時代の訓練を通じて、それらの言明についても古典論理の法則を適用するようにしつけられてきた、と想像することは可能である。その結果として、われわれは、それらの反事実的条件法言明に関して、二値原理に従うような真理概念を事実もっていたのだ、という強い強迫観念の下にあることに気づくかもしれない。実際、反事実的条件法の場合には、われわれの所有する真理概念と訓練によって培われた実践が示唆する真理概念との間のズレがわれわれを悩ますようなケースすらある、と彼は言う。このようなダメットの答えは、表出の要求において言及されている「使用」が、われわれが実践において示すふるまいの単なる傾向性やディスポジションではない、ということを示唆している。われわれが単に古典論理の法則を使用しているという事実だけでは、二値原理に基づく真理条件の把握を帰属するのには十分ではないのである。では、使用において示されるものとはいったい何なのか。最後にもう一つの反論を取り上げ、その中でこの点を明らかにしてみよう。

最後に取り上げるのは、マクダウェルの反論である。[24] この反論もまた、表出の要求において求められているものが行動主義的なディスポジション、文や刺激に対する同意・不同意にすぎない、とする解釈に基づいており、その点では、マッギンやアピアーと同じ解釈を共有している。しかし、マクダウェルの議論は、ダメットの論証にもっと立ち入った形の反論になっており、この反論を検討することはダメットの議論がもつ特徴をはっきりさせるのに役立つように思われる。それゆえ、われわれとしてはマクダウェルがダメット解釈のためにおいている前提の誤りをはっきりと指摘したいのだが、それはひとまずおいて、まず彼の議論を再構成し、それがダメットの反実在論に対してのいかなる反論なのかを確認しておきたい。

マクダウェルは、表出論証における「表出の要求」を、疑問の余地のない前提ではなく、むしろ、受け入れがたい制限をもたらすような仮定だと考えている。

この議論［の成否］は、次のような仮定にかかっている。すなわち、真理条件の理論を言語的実践に基礎づけようとするとき、われわれが見ようとするふるまいは、文の真理条件が認識可能な仕方で成立しているか否かに応じて、それらの文の真理ないし虚偽の承認（と解釈されるふるまい）に制限される。(25)

もしこの仮定が認められるならば、ダメットの表出論証は決定的に成立するように思われる、とマクダウェルは言う。というのも、文の真理条件を把握した証拠として表立って示されるふるまいがこのように制限されてしまうならば、ある人がある文の真偽を述べることができないような場合には（つまり、その文が実効的に決定可能ではない場合には）、その文が真であることがどういうことかの知識をその人に帰することはできそうにないからである。

その上で、マクダウェルは、このような制限が何に起因するのかを考察し、それがダメットの意味理論の構造に由来すると指摘する。ダメットの意味理論は、フレーゲによる意義と（発話の）力の区別を反映して、いわば二重構造――意味理論の核となる部分とその補足部分――になっていると考えることができる。[26] 核理論 core theory は、意味理論の中心となる相（この場合には、真理）にもとづいて、当の言語の各文に対してその中心相の適用条件（および、その中心相への寄与として各表現の意義）を決定する。いまは真理条件的意味理論を念頭においているのだから、簡単に言ってしまえば、核理論は、その言語の各文について、その真理条件を決定する。これに対し、核理論の補足部分となる力の理論は、核理論の中心相にもとづいて、様々なタイプの言語行為を達成することがいかなることかを説明するのである。

さて、マクダウェルは、こうした意味理論の二部門への分割から、われわれが説明しようとしているもの――言明の理解――の二分割が生ずると主張する。つまり、平叙文のケースで言えば、言明の理解と言われているものが、その内容部分と、主張という言語行為的部分（あるいは命題態度としての心理的成分）とへ分割されることになる。[27] しかも、意味理論の分割によって、内容部分が、補足理論から独立して、「原理的に孤立可能な心理的状態」として扱われることになる、と彼は言う。

この核となる心理的状態を孤立化することは、それを心理主義的に考えるべきではないとすれば、その心理的状態のふるまいとしての表出を、特に、力の理論に対応する心理的状態のふるまいとし

ての表出とわれわれがみなすことになるものから分離しうるものとして探し出すことを要求する。(28)

マクダウェルの議論の詳細を追うのはここまでにして、後は大まかにまとめることにする。上の議論で、ダメットならば言明の内容と言うところのものを、マクダウェルが心理的状態という言い方をするのは、少々奇異な感じがするかもしれない。しかし、この言い換えにはマクダウェルの重要な観点が反映している。ダメットは、意味理論の構成にあたって、あるいは反実在論を構想するにあたって、明らかに反心理主義の立場に立っている。これは彼がフレーゲから受け継いだ重要な観点であり、そのことは、表出論証の基本公理とでも言うべき主張にもはっきりと示されている。マクダウェルももちろん、反心理主義という点ではダメットに同意する。しかし、同時にマクダウェルは、そうした反心理主義の行き過ぎを警戒しているのである。ダメットのように、反心理主義一本やりで議論を進めていくならば、そして反心理主義ということで心理的なタームを完全に消去しようとするならば、行き着くところは、心理主義vs.行動主義という単純な二分法にしかならないのではないか。このことをマクダウェルは警戒する。その上で、反心理主義をとるならば、残されるのは行動主義しかなく、結局のところ、ダメットの反心理主義の結末は、行動主義に限りなく近いものになってしまうのではないか。この疑念を裏付けるのが、上述のマクダウェルの分析であった。そこで、マクダウェル自身は、心理主義と行動主義の中間的な立場を探ることになる。それはもちろん、心理主義をとるということではないが、心理的なものを全面的に排除する必要は必ずしもない、とするような立場なのである。

このことを踏まえて、先の議論を確認しておこう。マクダウェルの解釈によれば、ダメットの二重構造理論は、言明内容の特定を力の理論から独立に行うような構造になっている。そしてこの事実が、結果として、言明の内容把握の表出とみなされるものを、行動主義的なふるまいに近いものに制限せざるをえないという事態をもたらしている。したがって、もしこの制限を取っ払って、表出とみなされるものに心理的なもの（あるいは、主張なり何なりの命題態度）を含めることを許すならば、実効的に決定可能ではない言明についても、その真理条件の把握がマニフェストされたとみなすことができるはずだ。そういう確信にもとづいて、マクダウェルはそのような、表出とみなされるものを拡張した意味理論を素描してみせる。もしそのような意味理論が実際に構成できるとすれば、その理論は、十分に表出の要求を満たしており、しかも真理条件にもとづいた言語理解の説明も与えていることになるであろう。したがって、それは、ダメットの表出論証による真理条件的意味論の反駁への反例を提供したことになるはずである。その意味で、ダメットの反実在論的議論は成功していないというのが、マクダウェルの結論である。(29)

では、マクダウェルの議論はほんとうにうまくいくのだろうか。それを判断するのには、彼の議論のもう少し本格的な再構成が必要である。マクダウェルの考える意味理論のポイントは、核理論と力の理論との二部構成をやめよう、ということである。結論を先取りして言ってしまえば、意味理論は、当該言語のすべての平叙文について、「sはpを主張するために使用されうる（s can be used to assert that p.)」という形の定理を生み出すような部分理論をもっていればよい、ということになる。これが、ダメットの理論構成では可能ではないことに注意しておこう。ダメットの考えによれば、pという内容部分を産出する理論とその内容を主張という言語行為に結合する理論とは別の理論であって、前者の理論は後者の理論から独立に構成されなくてはならないからである。先に、マクダウェルが盛んに批判していたのは、ダメットの理論のこうした構造であった。

しかしながら、そうは言っても、「sはpを主張するために使用されうる」という形の定理をダイレクトに生み出す理論が簡単に構成できるわけではない。そこで、マクダウェルは、デイヴィドソンのアイデアを使って、定理のsとpとを結びつけるものとして、「…が真であるのは、…のとき、そのときにかぎる（is true if and only if）」を使えばよいと提案する。というのも、「それらの定理が実際に何を語っていようとも、あたかも「sはpを主張するために使用されうる」という形の何かを語っているかのようにそれらをわれわれが使える」、そのように定理のsとpとが関係づけられていればよいのであって、実際に導かれる定理そのものが「sはpを主張するために使用されうる」という形をもっていなくてもかまわないからである。そう考えるとき、sとpとをつなぐものとして、「…が真であるのは、…のとき、そのときにかぎる」が実によい候補になっていることがわかる。というのも、「sが真であるのは、pのとき、そのときにかぎる」は、「sはpを主張するために使用されうる」と外延的に完全に一致するように思われるし、しかも前者は後者よりもはるかに扱いやすい道具立てになっているからである。利点は、もう一つある。もし前者「sが真であるのは、pのとき、そのときにかぎる」が後者「sはpを主張するために使用されうる」の代理物として使えるならば、そのとき、後者の代わりに前者を提示することは、まさしく真理条件を提示したことになるはずである。

このようにして得られた真理条件的意味論は、表出論証の脅威にさらされることはない、とマクダウェルは考える。というのも、いま述べたようなからくりによって、その理論から導かれた定理が「sが真であるのは、pのとき、そのときにかぎる」のような形をもっているとしても、それは実質的には「sはpを主張するために使用されうる」のことなのだから、その真理条件の把握は、まさに主張という行為においてマニフェストされうる、と言ってよいからである。

マクダウェルのこの最後の主張は、これまでダメットの議論になじんできた者からすれば、ひどくわかりにくいかもしれない。こんな簡単なことで表出の要求が本当に満たされてしまうのか。さらに、マクダウェルは、反心理主義をとりつつも、心理的なものの理論への導入を排除しないと言っていたが、そこで言う「心理的なもの」が何で、それを導入することがどう効いてくるのか、こういった点もいま述べた議論だけからは明らかにはならない。ここまで見たかぎりでは、どうも「表出」ということで考えられているものが、ダメットとマクダウェルでは違っているのではないかとも思われる。これらの点は、もちろんさらに追究されなければならない事柄ではあるが、ここではこれ以上立ち入らないことにしたい。というのも、この問題をさらに見るためには、意味理論が「つつましい理論」でありうるか否かというもう一つの大きな問題を議論しなくてはならないからである。この課題は次章で考えることにしたい。

けれども、ここまでの議論で、マクダウェルの一応のスタンスは明らかになったのではないだろうか。ダメットは、真理条件的意味理論の欠陥を、それがあまりに多くのことを説明してしまうという過剰性に見てとる。つまり、この意味理論は、実効的に決定可能でない言明という、真理条件の把握としては説明できないものまでカバーしてしまう、その過剰性に問題がある、と彼は見ているのである。これに対し、マクダウェルは、そのような過剰性の認識がダメットの場合にどうして生じたのかといえば、それはダメットが表出とみなされるものを狭く制限したことにもとづいているのだ、という風に捉える。そして、表出とみなされるものをそのように制限する根拠は、第一義的には、反心理主義の立場をとることにあるとしても、それだけからはそこまで狭い制限――言明への同意・不同意といった行動主義的な傾向性への制限――は生じないはずだ、と彼は考える。ダメットの議論に窺えるいくつかの特徴、すなわち、表出とされるものを記述するのに、一切の心理的なタームを認めない、言明内容の把握を力の理論で使われるリソースから独立に、しかも、言語といういかなる表象システムからも離れてその外側から特徴づけようと目論んでいる、ダメットの観点のこうした特徴と、意味理論が「徹底した（full-blooded）理論」でなければならない――意味理論は、問題の概念をいまだ所有していない人に、それを所有することがどういうことかを明らかにするような理論でなければならない――という強い要求を考慮するとき[30]、もしかするとダメットは認識論的な基礎づけ主義者なのではないか、マクダウェルの解釈はこのように進んでいく[31]。

マクダウェルのこうした議論には、なるほどと思わせるところが少なくない。しかし、彼の議論の出発点には大きな問題がある。真理条件の把握を表立って示すとみなされるふるまいが、該当する文の真理ないし虚偽の承認として解釈されるふるまい、あるいは、それらへの同意・不同意という行動主義的な傾向性だとする解釈は、表出論証を理解する上での、マクダウェルのみならず、多くの論者に共通したいわば標準解釈とみなされている。しかし、いったいどこでダメットは、このような主張を行っているのか。彼のテキストを丁寧に見てみれば、この標準解釈とはまったく異なる見方をダメットが提示していることがわかる。では、それはいったい、表出についてのどのような見方なのであろうか。

しかし、この問題を検討する前に、上述のような標準解釈が、ダメットの解釈としてそもそもどのように生じてきたのかを見ておこう。Shieh［1998a］では、その理由として、次の三点が指摘されている。第一に、ダメット自身の書いたものの中に、一見すると標準解釈を支持するように見える記述があるのは確かである。例えば、Dummett［1973b］では、彼は「誰であれ、もしかれの伝達が観察され得ないものならば、かれは伝達できないのである」と書いているし、(32) あるいは「その知識をもつと言われる人と、それをもたないと言われる人の振舞いないし能力には、観察可能な違いがなければならないのである。(33)」という記述を取り上げてもよい。標準解釈をとる者は、これらに登場する「観察可能」という語にダメットの力点がおかれていると考えている。第二に、何かの表出とは、その何かが存在することの「証拠」だ、とするような見方がある。この見方によれば、ある人の言明の意味理解を表出するものは、その人がその言明の意味を理解していることを端的に立証するような証拠でなくてはならない。これに「使用としての表出」という考え方を結びつけるならば、言語的知識の表出であれ、暗黙の知識の表出であれ、表出とみなされるものは、「使用」に見てとられるべき観察可能な証拠だ、ということが帰結するであろう。では、そのような観察可能な証拠の候補として何が考えられるであろうか。この問いに対する答えとして、ここからただちに、それが当該の言明への同意・不同意という形の傾向性だという答えが出てくるわけではない。Shieh［1998a］では、これに加えてもう一つの前提として次のような暗黙の「使用」解釈が指摘されている。

ある主体による言明の「使用」は、その言明を為すために使われる文の真理条件が成立していると認識できるときにはいつでも、その文の真理を承認する、そういう能力を表示することにかかわるようなふるまいの諸相からなる。

つまり、文の使用にもいろいろな側面があるけれども、われわれにとって必要なのは、真理の承認に端的に結びつくような使用の側面だけだ、というわけである。もしこの前提が認められるならば、そして、言明の意味はその真理条件だとされるならば、「使用」に見てとられるべき観察可能な証拠は、まず第一に、その主体のふるまいでなければならない。さらに、そのふるまいは、真理条件の成立・不成立に応じて、その真理を承認したり、拒否したりする能力にかかわるようなタイプのふるまいでなくてはならない。とすると、これらの条件を満たすと考えられるのは、適切な状況下での、当該の言明への同意・不同意という形をもつクワイン的な傾向性以外にはありえないのではないか。こうして標準解釈が成立する。

その結果、表出についてのこの標準解釈に従えば、ダメットの反実在論論証は次のような議論を行っていることになる。ダメットの「表出の要求」が述べているのは、（言明の意味がその真理条件だということを前提にして言えば）真理条件の知識を誰かに帰属するための証拠は、その文の真理条件の成立・不成立に応じて、その文に同意したりしなかったりするその人の傾向性だ、ということになる。ところで、もしわれわれがある文の真理条件の成立・不成立を認識できないとすれば、たしかにわれわれはその文に同意したりしなかったりする傾向性をもつことはできないであろう。このとき、実効的に決定可能ではない文の真理条件は、その真理条件が成立するときに、それをわれわれが認識できないような条件にほかならない。したがって、「話者が、これらの［実効的に決定可能ではない］文に実在論的真理条件を結びつけたことの証拠として役立つような、いかなるふるまいの傾向性も存在しない、ということは可能である」[34]。それゆえ、実在論的真理条件は必ずしも表出可能ではない。

マクダウェルにしろ、マッギンにしろ、彼らはダメットの議論をこのように理解した上で、批判を行っている。しかし、この標準解釈はかなりあやしい。以下では、この標準解釈がダメットの主張といかにかけ離れているかを明らかにしながら、結局のところ、ダメットが「表出の要求」をどう捉えているかを考えてみよう。

いま見てきた標準解釈には二つの重要な特徴がある。(35) 一つは、この解釈が「表出の要求」を認識論的な制約だとみなしている点である。標準解釈をとる者は次のように考える。もし言明の意味のようなものがあるとすれば、話者はそれを言明に結びつけていなくてはならない。われわれは、その話者に意味の帰属を行うにあたって、話者が行っているそうした結合を知る必要がある。そして、そのような結合は直接知りうるようなものではないから、話者がそうした結合を行っていることを証拠を通して間接的に知る必要があるだろう。したがって、意味理論は、意味と言明の間のつながりに関する証拠が何であり、その証拠をどうやって知るかという認識論的な次元を本質的に含んでいなくてはならない。二つ目の特徴として、標準解釈をとる人々は、ダメットが「表出の要求」において使用に訴えることを、行動主義的なものへの制限――意味理解の帰属を正当化するための証拠となるものを行動主義的なディスポジションにかぎるような制限――と捉えている。このことは、ダメットが心理的なタームを除去しようとすることに対するマクダウェルの批判からも明らかである。

しかしながら、標準解釈のこれらの特徴は、ダメットの意味についての見解とはまったく相容れないように思われる。次に、この点を確認しよう。ダメットの哲学的な出発点は、フレーゲにある。このことの意味は、フレーゲの開発した一階の古典述語論理（あるいは高階の論理）を哲学的分析の基礎におくとか、フレーゲの意味理論への貢献を重視するといったことではなく、むしろ、あらゆる哲学の基盤にあるのが、存在論や認識論ではなく、意味の理論あるいは言語哲学だというフレーゲの確信を受け入れるということにある。例えば、ダメットは次にように述べている。

哲学は、その、唯一ではないが第一の仕事として、意味の分析という仕事をもっているのだから、意味の理論があらゆる哲学の基礎なのであって、デカルトが誤ってわれわれに信じ込ませたように、認識論が基礎なのではない。フレーゲの偉大さは、まず第一に、このことにはっきり気づいていたことにある。彼は、哲学のある部門から得られる結果が他のいかなる部門の結果にも依存せず、むしろ他の残りの部門の結果の基底にあるような、そういう唯一の部門だと意味の理論を見ることによって、意味から出発する。(36)

ダメットは、フレーゲをこのように捉え、しかもそのフレーゲの見解を基本的に正当なものとして受け入れている。そのダメットが、意味理論の成否を評価するための公理とでもいうべき「表出の要求」を認識論的な制約とみなすというようなことがありうるであろうか。ダメットがとてつもなく混乱しているのでないかぎり、私にはそういうことはありえないように思われる。

標準解釈の第二の特徴は、表出の要求における「使用」をクワイン流の行動主義的なディスポジション、言い換えると、真理条件の成立・不成立の認識に応じた、当該言明への同意・不同意と考える点にあった。これによって、標準解釈をとる者は、ダメットが真理条件の把握に関する証拠を不必要に制限していると捉える。しかし、ダメット自身はこのような使用の解釈をあからさまに非難している。

自らの主張に対して理由を与えるという実践をわれわれが獲得するということが、言語の使用を学ぶときにわれわれが学ぶものの欠けてはならない一部だ、ということはめったに否定されない。［中略］クワインは、一定の感覚刺激の下で文に同意したり、同意しなかったりする、話者の傾向性のみによって、言語の働きを特徴づけようと企てる。実際には、この種の証拠にもとづいて、異なる刺激-分析言明の間を、その身分という点で、区別することには原理的な困難があるかもしれない。しかし、このことは、そうした区別が余分だということを決して含意するわけではない。というのも、適切な感覚刺激に応じた同意・不同意を単に登録する以上のきわめて多くのことが言語使用にはあるからである。(37)

ダメットが、クワインについて多くのことを語っていることはこれまでにも見てきた。その際に、ダメットは、クワインの議論の中に多くの重要な洞察があることを承認している。しかし、彼は、クワインの全体論的観点とともに、言語の使用を考えるときに、言明への同意・不同意というディスポジションに限定して使用を捉えることにははっきりと反対している。

もちろん、以上のような引用に見てとれることは、標準解釈があやしいということの傍証であって、標準解釈の誤りを端的に指摘するものではない。したがって、ここで必要なのは、標準解釈と食い違う記述をダメットからさらに引き出すことではなく、むしろ、それに取って代わる「表出の要求」の解釈を明らかにすることであろう。

ダメットは「表出の要求」をどのような捉えているのか。これを見るための手がかりはいくつかある。ひとつは、前に一度言及した、プラトニストの側からの反論の一つ——古典論理をとる者と直観主義をとる者とでは、推論の実践に違いがあるのだから、この違いが真理条件の把握をマニフェストしたことになるのではないか、という反論——に対するダメットの返答である。これをもう一度考えてみたい。ダメットの返答は、

もしわれわれが数学的言明に関して真理のある考え方を把握しており、その考え方のもとでは二値原理が成り立っているとすれば、古典論理の法則が妥当だ、ということは疑いなく事実である。だが、これらの法則に一致して推論するという単なる傾向性 propensity が、そうした真理概念の把握を構成しているなどということは決してありそうにない。(38)

というものであった。実効的に決定可能ではない言明について、ある人が古典論理の法則に一致するような実践を行っているとしても、そのことがただちに認識超越的な真理概念をその人がもつということの表出にはならない、ということをわれわれはこの引用から引き出すことができる。つまり、どういう法則を使用しているかという実践だけからは、そこで使われている意味のモデルは決まらない、とダメットは言っているのである。さらに、これを少し敷衍すれば、どの言明に話者が同意し、どの

言明に同意しないか、というふるまいの傾向性だけからは意味のモデルが決まらない、ということが導けるであろう。したがって、この引用は、ダメットが標準解釈を認めないということをあからさまに示している。

このことは、われわれがこれまでたどってきたダメットの考え方からすれば、ある意味で当然の結論である。なぜなら、一定の法則に従った実践が、それ自体で特定の真理概念の把握を構成するとすれば、それは、その実践そのものがその法則の妥当性を決定すると考えることにほかならないからである。しかし、そう考えることは実践を神聖視することであり、論理の改訂を不可能とすることだったのではないだろうか。言い換えれば、標準解釈をとることは、全体論を承認することなのである。というのも、第三章でくわしく見てきたように、実践を動かしようのないものと考えることは、全体論的な言語観を前提にして初めて可能になるからである。

したがって、ダメットが標準解釈を受け入れるわけがないということは、以上から充分明らかである。問題は、彼が、標準解釈とは異なるものとして、どのように「表出の要求」を捉えているのか、である。単なる実践の記述から意味のモデルが決まらないとすれば、何がそれを決めるのだろうか。その手がかりはふたたび、ダメットの改訂主義にある。いま見たように、標準解釈をとることが全体論的言語観に立つことを含意するがゆえに、ダメットにとって標準解釈が受け入れられないものであるとすれば、ダメットが受け入れる解釈は少なくとも分子論的な言語観と調和するような解釈でなくてはならないはずだ。そして、改訂主義の節で強調したことだが、ダメットの分子論は、つねに正当化の要求にさらされているような立場であった。われわれの言語実践は、つねに保存拡大の要求にさらされており、いつでもこの要求に応えられるということが言語の規範性を確保することにほかならない、というのが分子論が描き出す言語実践の描像であった。

この描像に主張という実践を当てはめてみよう。主張という言語行為を支配する規約は「その言語行為を正しい、あるいは正しくないと分類することを含んで[39]」おり、さらにまた、主張を行う人は、その主張内容の真理性を見込んでそうする。したがって、ある人があることを主張し、聞き手がそれに対して異議を申し立てたならば、それを主張する側は、自らの主張を正当化しなくてはならない、言い換えれば、それまでにその人が主張してきた事柄や共有された信念に対して、当の主張が保存拡大になっていること、あるいは新たな事実が提出された場合には、それに対して当の主張が保存拡大になっていること等々を示さなければならない。つまり、主張という言語実践は当の主張の正当化を必要とするのである。だから、主張という脈絡において、言明内容を把握することは、単にその言明に同意したり、しなかったりすることではなく、状況に応じていつでもその言明内容を正当化できるということを含んでいなくてはならない。ダメットの「使用」や「実践」は、正当化や理由づけといったダイナミックなプロセスを含んだ「使用」であり、「実践」なのである。それゆえ、ダメットの言う「表出」は、そうしたダイナミックな言語実践の中での表出でなくてはならない。標準解釈とは違って、ダメット自身の考える「表出の要求」は、正当化のプロセスを含むようなより包括的な「使用」概念のもとで捉えられなければならない[40]。

このような読みは、われわれの勝手な憶測ではない。それを示すために、この解釈がダメットの「表出の要求」解釈として適切だということを示唆する根拠を三つ提示したいと思う。第一のものは、テキスト上の根拠である。少し前にダメットがクワインを批判している箇所を引用したが、その一番最初の文は「自らの主張に対して理由を与えるという実践をわれわれが獲得するということが、言語の使用を学ぶときにわれわれが学ぶものの欠けてはならない一部だ」というものであった。文脈からして、これがダメット自身の主張だということに疑いはない。それゆえ、この文章は、ダメットの「表出」が標準解釈とは異なり、われわれの解釈に近いということをはっきりと示している。このようなテキスト上の支持は他にも数多くある。(41)

第二に、ダメットが、言明の使用には基本的に二つの相があると主張していた、ということを思い出そう。ある言明を主張する場合、それらは、それぞれ（1）どういう状況でその言明が正当に主張できるか、（2）その言明を正しいとして受け入れたときに、そこから帰結として何が許されるか、という相だと考えられている。これら二つの相を把握すること、そして場合によっては（1）の相に基づいて（2）の相を正当化できるということが、主張を行う資格を与えられるための要件である。この事実は、ダメットの「使用」がダイナミックなプロセスを含むものだということを、これ以上ない形で示している。

三つ目の根拠は、われわれの解釈が正しいということを端的に示すような議論ではないが、間接的には根拠になりうると思われる。ダメットは Dummett［1973b］において、「誰かに暗黙の知識を帰属させることが意味をもつのは、その人が適切な状況のもとでその知識を十分に表に出して見せることができるときだけである」と「表出の要求」を述べた後に、括弧内に「ウィトゲンシュタインの問、犬はかれの主人が来週帰宅することを期待しているとなぜ言えないのか、と比較せよ」という文章を挿入している。この比較の要求は、標準解釈をとるかぎり、大した意味をもたない。しかし、ダメットが考えているように、「表出の要求」における「使用」が、（主張の場合には）正当化のプロセスを含むと理解されるとき、このウィトゲンシュタインの問いは重要な意味をもって立ち現れてくるように思われる。(42)

ここで言いたいのは次のようなことである。ダメットは、反実在論の可能性をわれわれの前に開いてみせようとしているにもかかわらず、こと意味とか言語に関してはその存在を疑問視することがなく、この点では実在論的な立場をかなり強固に守っているのではないか。しばしば、このような見方がダメットに対して帰せられる。こういう見方が出てくるのは、こう考えるからである。すなわち、ダメットが「表出の要求」によって求めているのは、言語と意味とを結びつけるための証拠だ、と。一方に、われわれが発する言明があり、他方には、その言明に結びつけられるべき意味がある。しかしながら、意味の側にわれわれは直接アプローチすることはできないから、言明と意味の結びつきを確認するには、ふるまいのレベルにおける証拠が必要なのだ、というわけである。たしかに、この発想の背景には意味の実在性が潜んでいる。だが、こういう見方を可能にしているのはまさしく標準解釈なのではないだろうか。

ダメットが、ウィトゲンシュタインの問いと「表出の要求」とを同時に述べているという事実は、「表出の要求」の位置づけが標準解釈とはまったく異なったものであるという可能性を示唆している。標準解釈における「表出の要求」の位置づけは、あくまでも証拠という次元にかかわっている。証拠という次元にかかわっているというのは、まず言明の意味を理解するという現象があって、これがうまく行っていることを保証するために――特定の言明とその意味との結びつきが正しい結びつきであることを保証するために――「表出の要求」が満たされなければならない、ということである。言い換えれば、ふるまいの向こう側に隠された意味が、正確にどういう意味なのかを見出すことが「表出の要求」のポイントだと考えられている。[43] これに対して、われわれが思い描いている解釈は、「ふるまいの向こう側に隠された意味」を前提にしているわけではない。むしろそこでは、「表出の要求」が意味についての問いの始まりに位置づけられている。「表出の要求」を満たすことによって、つまり正当化の言語ゲームに加わって、初めて意味についての問いが始まるのであって、それ以前に「意味」なるものが存在しているわけではない。だから、ウィトゲンシュタインの問い「犬はかれの主人が来週帰宅することを期待しているとなぜ言えないのか」には、こう答えることができる。そう言えない理由は、犬が期待や予期のゲームには参加していないからだ、と。犬は期待に関する「表出の要求」を満たすことはできないのである。それゆえ、われわれは犬に期待の内容を帰属することはできない。そして、意味理解の帰属ができて初めて、その内容や真偽が問題になりうるのだから、その意味で、「表出の要求」は、意味に関する問いの始まりに位置づけられることになる。

さて、われわれはここまで「表出の要求」がどのように解釈されるべきかを見てきた。ダメットの考える「表出の要求」が標準解釈とは相当違った要求であり、そこでは正当化のプロセスをも含むような意味で「使用」が考えられているというのが、われわれの見解である。もしこの見解が正しいとすれば、先のマクダウェルのダメット批判はどうなるであろうか。本章で見てきたマクダウェルの批判は、基本的に二つの主張から成り立っていた。第一に、ダメットは「表出されるもの」を不当に制限して、それを行動主義的なものに限ってしまっている、という主張である。二番目は、この第一の認定にもとづいて、「表出」の概念を心理主義に陥らない程度まで拡張することによって、表出論証に抵触しない真理条件的意味理論が構成できる、という主張である。このうち、最初の主張については、われわれの解釈が正しいとすれば、次のような疑問が生ずる。ダメットの「使用」は行動主義的なディスポジションに限定されているわけではないのだから、マクダウェルの非難はこの点では不当である。しかし、マクダウェルのように「心理的なもの」を許すことと、正当化のプロセスを含むものとしてダイナミックに使用を捉えることとの関係はどうなっているのか。この点は、意味理論に何が求められているのかを明らかにしないかぎり、答えは得られないであろう。他方、第二の主張についても、意味理論というものの形をもう少し突っ込んで検討しないかぎり、それが誤りか否かを判断することはできないように思われる。

本章の締めくくりに、習得論証についてもう一度触れておこう。習得論証に対するマッギンの批判は、ダメットの習得概念があまりに経験主義的な概念であり、その結果、習得論証そのものが経験的なものへの還元主義に陥っている、という批判であった。この批判は、あたかもダメットの意味理論が論理実証主義者の考える意味の検証理論であるかのような印象を与える。たぶん、マッギンは、ダメットの議論のうちに、論理実証主義的なアイデアの復興をかぎとっている。だからこそ、「山の南側でかくかくのことが生じている」のような実効的に決定可能でない言明もわれわれには理解できるのだから、ダメットの真理条件批判はおかしいのだ、と彼は主張するのである。もし、ここで念頭におかれているのが論理実証主義の検証理論であり、さらに検証可能性と実効的な決定可能性とが同等視できるとすれば、たしかに「山の南側でかくかくのことが生じている」は無意味だとされるであろう。マッギンは、そうした決定可能でない言明（検証できない言明）も、われわれには理解できるし、無意味ではないのだと主張することによって、ダメットの意味理論と検証理論とを重ね合わせてしまっていたのである。

私の見るところでは、マッギンはここで二つの誤りを犯している。一つは、習得論証の中味を完全に誤解していることであり、二つ目は、ダメットの意味理論を意味の検証理論と重ねてしまっている点である。このうち、後者についてはあらためて問題にするには値しないので、ここでは、習得論証の解釈の方を取り上げたい。

われわれが本章のはじめの方で取り上げた「習得論証」は、次のようにまとめられていた。

習得論証とは、実在論者が用いる認識超越的な真理概念を彼らはいったいどうやって習得したのか、それを示して見せよという反実在論側からの挑発に始まり、結局、実在論者はそれを示せないのだ、という結論で終わるような議論である。

この論証は、しかしながら、言明の意味把握にかかわるような論証ではなく、概念の把握にかかわるような議論になっているのではないだろうか。もしそうだとすれば、この論証は反実在論者にとって自己論駁的な帰結をもつように思われる。というのも、もしこの論証が正しいとすれば、反実在論者もまた「認識超越的な真理概念」をもつことはできないからである。そうすると、反実在論者はいったい何を非難していることになるのだろうか。この点で、このように定式化されたものとしての習得論証は、反実在論者にとって受け入れがたいものであるし、反実在論者自身がこのように定式化するとはとても思われないのである。誤解はどこから生じたのか。ダメットからの引用をもう一度見てみよう。

かれ［反実在論者］はこう主張する。われわれが係争クラスの言明の意味を把握するようになる過程や、それらの言明がその後使われるときのその使い方からは、それらの言明はその真を確立すると我々が認めるようになる類いのものから独立に真だ、という意味での真理概念は、どうしても引き出せない。［中略］その言明が真であるとはいかなることなのかを、その言明の真を確立するものとして扱うようわれわれが学びとったことから独立に理解する、ということは、ことの性質上、おそらくわれわれにはできまい[44]。

たしかに「それらの言明はその真を確立すると我々が認めるようになる類いのものから独立に真だ、という意味での真理概念は、どうしても引き出せない」という部分だけを見れば、ダメットが「認識超越的な真理概念」の習得可能性を問題にしていると読めないことはないかもしれない。けれども、この引用全体を考慮してみればわかるように、ダメットの関心の中心はあくまでも「言明の意味の把握」にある。そしてこの引用で問題にされているのは、言明の意味把握と認識超越的な真理概念の間の関係なのである。さらに、この引用で述べられていることを主張しているのが反実在論者であるという点にも注意を払う必要がある。反実在論者は実在論者に対してこう主張している。われわれは言明の意味をちゃんと把握できるようになった。そのとき、そうした言明の把握プロセスを説明してくれるものとしてどういう中心相があるかを考えたときに、そういう中心相として認識超越的な真理概念を引き出すことはできない、と。だから反論されている実在論者の側の元の主張は、言明の意味把握のプロセスで働いている中心相は認識超越的な真理概念だ、ということになるであろう。

このように見てくると、習得論証が主張しているのは、そのような認識超越的な真理概念が習得可能か否かではない、ということはあきらかである。むしろ、習得できないのは、そうした認識超越的な真理概念にもとづいた場合の、言明の意味である。言い換えれば、認識超越的な真理概念にもとづいて、われわれがいかに言明の意味把握に到達しえたのかが説明できないとダメットは主張しているのである。

上の引用の読み方以外に、習得論証をこのように理解すべきだとする根拠を私はいまのところ持ち合わせていない。しかし、一旦、習得論証が、言明の意味把握に到達するための中心相として認識超越的な真理概念は役に立たないというネガティヴな議論として理解されるならば、習得論証と表出論証とが一対の論証をなしていることがわかってくる。基軸となるのは「言明の意味把握」である。表出論証は、言明の意味把握がすでになされているときに、その把握を、あるいはそうした意味把握の帰属を認識超越的な真理概念によって説明できるのかという疑念から出発する。これに対して、習得論証の方は、そのような言明の意味把握にいかにして到達しうるかを、これまた認識超越的な真理概念によって説明できるのかと問うのである。二つの論証は、したがって、「言明の意味把握」を中心として、そこへの到達の仕方とそこからの帰結という形で、ちょうど論理結合子に関する導入則と除去則の関係と同じように、二つの調和すべき相をなしているのである。このような捉え方の方が、これまで見てきたダメット哲学の全体像によりマッチしていることは言うまでもない。

第五章　意味理論とは何か

ダメットの考える「意味理論」は全体としてどのような理論なのか。これまでわれわれは、あたかもそれがすでにわかっているかのように議論を進めてきた。反実在論論証の構造がどうなっているかを大まかに見るには、必要に応じて意味理論のいくつかの特徴に言及するだけで何とかやってこれたのである。しかしながら、表出論証に対する批判を細部にわたって検討しようとすれば、「意味理論」としてどういう理論が考えられているのかを問題にしなくてはならない。実際、マクダウェルの批判を検討した箇所で、「徹底した意味理論」や「つつましい意味理論」をめぐる議論を先送りしてきたのも、そういう理由からであった。また、その一方で、反実在論論証を完結させるためには、反実在論的な意味理論が、表出の要求を満たすような形で、本当に言明の意味理解を説明できるのかどうかを明らかにしなくてはならない。それゆえ、この章の課題は、ダメットが「意味理論」ということで、全体としてどういう理論を考えているのかを、もっと立ち入って検討し、その上で（1）反実在論的な意味理論が言明の理解をどう説明するのか、（2）意味理論に対する徹底性の要求が、実際にダメットにおいてどう捉えられているか、を明らかにすることである。

1　真理条件的意味理論

しかしながら、「意味理論」の構造を検討するというここでの課題は、二つの部分からなることに注意しなくてはならない。第一に、ダメットが批判の対象としている「真理条件的意味理論」がダメット自身によってどう捉えられているか、それを明らかにする必要がある。というのも、すでに述べたように、反実在論の論証はネガティヴ・プログラムおよびポジティヴ・プログラムと呼ばれる二つの論証から成り立っており、マクダウェルその他によるダメット批判の多くは前者のプログラム――真理条件的意味理論が意味理論としては不適格だということを示す論証――に向けられているからである。その一方で、第二に、反実在論の論証を完結させるためには、後者――古典的真理条件意味理論にとってかわるものがどういう理論であり、真理条件にもとづく意味理論を退けるために課した制約を、その理論がちゃんと満たせるのか否か――をわれわれは示さなくてはならない。まずは、これらが異なった「意味理論」にかかわる議論だということを押さえておこう。

ところが、後者の課題に関して言えば、残念ながら、ダメットはこれこそが自分の意図する反実在論的な意味理論だというものを提示してはいない。そういう意味理論の中心概念が、検証概念や主張可能性の概念になるだろうという示唆は、いくつもの箇所にあるのだが、実際に彼が事細かに論じているのは、真理条件的な意味理論だけなのである。そういうわけで、われわれとしては、ダメットの意図する意味理論がどういうものなのかを、真理条件的意味理論について彼が語っていることを手がかりに解釈するしかない。ここに話がわかりにくくなる一つの理由がある。これまでの反実在論の議論が真理条件的意味理論を標的にする議論であったことを考えれば、たしかにこれは奇妙である。しかし、それには理由がないわけではない。その理由も含めて、「意味理論」がどのような理論でなければならないとダメットが考えているのかを、まずは真理条件的意味理論を素材に見ていくことにしたい。

さらに混迷を深めることになりそうなのだが、最初に、「真理条件的な意味理論」と呼ばれているものが単一の理論ではない、という点に注意をしておきたい。ダメットにとって、真理条件的な意味理論というアイデアの発案者はフレーゲである。あるいは、もっと正確に言えば、そのような理論構成に必要な基礎となる考え方を発案したのがフレーゲである。けれども、フレーゲ自身は、意味理論の構成を自らの課題にしていたわけではないし、そのあるべき形について何かを語っているわけでもない。だから、ダメットはフレーゲになりかわって、体系的な意味理論がどのようなものになるかを、フレーゲのアイデアを推し進めていく形で示そうとしている。まずは、この形の真理条件的意味理論がある。ダメットがこの意味理論にどこまでコミットしているかは、判断のむずかしいところがあるが、とりあえずこの理論を「フレーゲ・ダメットの真理条件的意味理論」と呼ぶことにする。以下でわれわれが扱うのは、基本的にこの意味理論である。

一方、フレーゲとは独立に、真理条件的意味理論という発想を徹底的に推し進めていって、その構造について語るに足る内容を提供したのは、デイヴィドソンである。デイヴィドソンの理論もしばしば真理条件的意味理論として言及される。実際、ダメットも繰り返しデイヴィドソンの理論に言及しており、WTM（I）（およびその付録）では、この理論が正面切って批判の対象に取り上げられている。しかし、フレーゲ・ダメット流の真理条件的な意味理論とデイヴィドソンの、いわゆる解釈理論としての真理条件的意味理論は、その目指すところや背景が相当違っている。ごく簡単に言ってしまえば、ダメットにとって意味の理論の目標は、フレーゲの意義 Sinn に役割を認め、その意義からわれわれの言語行為へのつながりを説明することであるのに対し、デイヴィドソンは、言語理解やコミュニケーションの図式から意義やそれに類するものを消去することを目指しているのである。そういうわけで、以下でデイヴィドソン理論の全体を直接検討することはないけれども[1]、この違いを一方で押さえながら、ダメットの議論を考えていく必要がある。

われわれの最初の目標は、フレーゲ・ダメットの真理条件的意味理論の全体的な構造を明らかにすることである。デイヴィドソンの理論との比較で言えば、この理論の主要な特徴は、（1）フレーゲの指示と意義の区別を認め[2]、これを全面的に理論に組み込んでいること、（2）（言明の内容を特定するという意味で）狭い意味での意味理論と発話行為とを接続するための力の理論を（意味理論の）補足部分としてもつ、という二点にある。だから、意味理論の全体は、指示の理論 theory of reference（核 core 理論）と、それを取り巻く殻としての意義の理論 theory of sense、および力の理論 theory of force の三部分から構成されることになる。ただし、ダメットは、指示の理論と意義の理論とをひとつにまとめて一部門をなすと考えているために、次の引用では意味理論の全体は「二つの部分」からなるという言い方をしている。

> 真理の概念を中心概念とする意味の理論は、したがって、二つの部分からなるであろう。理論の核は、真理の理論、すなわち、その言語の文の真理条件を帰納的に特定する理論である。この核は「指示の理論」と呼ぶ方がよいかもしれない。というのも、その理論の定理の中には、ある話者によるある時点での与えられた文、ないしその発話が真であるための条件を述べる定理がある一方で、個々の語を支配する［その理論の］公理は、それらの語に適切な種類の指示を割り当てるからである。指示の理論を取り囲んでいるのが殻であり、それが意義の理論をなしている。［中略］指示の理論と意義の理論とが一緒になって、意味の理論の一部分を形成する。もう一つの、補足的部分が力の理論である[3]。

問題は、意義の理論の役割であり、そもそもなぜフレーゲの区別をここで導入する必要があるとダメットが考えたのか、である。こういう疑問が生ずるのは、いま問題にしているフレーゲ・ダメットの意味理論が真理条件にもとづく意味理論だからである。真理条件的な意味理論では、意義の観念は真理条件によってうまく説明できるのではないだろうか。そして、そのような意義を特徴づける真理条件は、合成原理を伴った指示と充足の理論によってうまく記述できるし、まさにその作業に相応しい理論として、具体的にはタルスキの真理理論がある。したがって、意味理論を構築するにあたっては、意義について表立って言及する必要はないし、そのための特別な理論も必要ないというのが、デイヴィドソン以来の一般的な了解のはずである。

ダメットがこの一般的な了解について無知でないとすれば、なぜ、指示の概念の他に意義の概念をあからさまに導入する必要があるのか。この問いに対するダメットの解答を見ることは、ダメット流意味理論の特徴を明らかにする上で、避けては通れない一つのポイントだと思われる。以下では、まず、フレーゲ・ダメットの意味理論がどういう構造をもつか、殻としての意義の理論がどういう形で意味理論に付け加わるのかを見ることにしたい。その上で、あらためて意義を導入するねらいを考えてみたいと思う。

2　意味理論の構造

すでに言及したことだが、ダメットは、意味理論に対して、それが同時に理解の理論（a theory of understanding）でなければならないという制約を課している。この制約がどういう制約なのか

を明らかにすることから、意味理論の構造を検討していこう。WTM(I)のはじめの方で、ダメットは次のように言う。(4)

ここで私は、他の場所で主張したことをくり返したい。意味の理論は理解の理論である。すなわち、意味の理論が説明しなければならないのは、ある人がその言語を知るとき、つまり、その言語の表現や文の意味を知るときに、その人が何を知っているのか、である。

これは、反実在論論証にも直結するという意味で、ダメット意味理論の重要な特徴の一つである。しかし、ここで彼が実際に語っているように、意味理論と理解の理論をまるで同一の理論であるかのように捉えるのは、ちょっとマズイように思われる。というのも、「理解の理論」は認識論的な関心のもとにあるような理論だと考えられるからである。もしそのような認識論的に捉えられる理論と意味理論が同一の理論であるとすれば、意味理論の構成というプロジェクトそのものが認識論的な関心にもとづくとみなされかねないであろう。そういう誤解の結末の一つが前章の「標準解釈」であった。だが、意味理論は、繰り返し言及してきたように、あくまで意味論的なプロジェクトであって、認識論的な問題を直接扱うことを目的としているわけではない。だから、引用で言われていることは、むしろ意味理論が、言語理解にかかわる様々な事象——例えば、二つの語の意味を理解する人は、それらの語が同じ意味をもつかどうかを判断できなくてはならない——を同時に説明できるだけのリソースとメカニズムを兼ね備えていなくてはならないという要請だ、と解釈されるべきであろう。

意味理論は理解の理論であるべしという制約がこのように解釈されるとき、その制約は意味理論の形に何をもたらすのであろうか。ここでダメットは、意味理論とは「誰かが意味を知るとき、その知られたものが何であるか、の表示」[5]を生み出すような理論だと言う。つまり、意味理論は、言語を理解する者がもつ知識の表示を提供する理論なのである。では、そのような知識を「表示する」とは、どのようなことなのか。

言語能力や暗黙の知識にかかわる文脈の外で「知識の表示」を考える場合には、格別困難となるようなことは何もないように思われる。というのも、そうした知識の表示は言語を前提にできるからである。すなわち、そのような知識の表示を言語的記述を使って与えるということがたいていの場合には可能であり、それで充分だと考えられるからである。例えば、「地球外生命」という語の意味についての知識の場合には、その知識をもつ人がその語の意味を別な言葉を使って説明できるかどうかによって、比較的単純にその知識内容は表示できるであろう。ここではそれ以上の「表示」が問われることはない。このことを指摘した上で、ダメットは次のように言う。[6]

しかし、われわれがある実践的能力についての命題知を介した表示にかかわっている場合には、そして特にその実践的能力がまさしく言語の習得であるような場合には、われわれの説明が説明としての力をもつべきだとすれば、以下のことがわれわれに義務としてのしかかってくる。すなわち、誰かがその能力をもつために知っていなければならないことを特定するだけでなく、その人がその知識をもつということがどういうことか、それらの命題についての知識の表出をなすとみなされるものが何かを特定しなくてはならない。

この引用には、これまで言及しなかった新たな論点、意味の知識について考慮すべきもう一つの特質への言及、が含まれている。まずは、それを押さえておこう。この特質というのは、意味の知識が、一方ではまぎれもない知識であるのに、他方ではそれが実践的能力の形をもつという特質である。言語の知識をもつということは、その言語についての理論的あるいは文法的知識をもつということではなく、その言語を実際に使い、コミュニケートできるということである。それは、ダンスのステップについていていくら詳しい知識をもっていたとしても、実際にそのダンスを踊れなくては、ダンスの踊り方を知っているとは言えない、ダンスについての実践知をもつとは言えないのと同様である。したがって、語の意味を知るということは、その語を十分に使いこなせるという意味で実践的能力であり、言語の習得はそうした実践的能力の複合体、膨大で複雑な実践的能力の習得だと考えられる。

では、そのような実践的能力でもある言語の知識を「表示」するとは、いかなることなのか。ダメットは、ここで、そのような表示が二つの異なる部分からなると主張している。第一に（言明の場合であれば）その言明の意味内容の特定としての「表示」がある。しかしそれだけでは表示としては充分ではない、とダメットは言う。それに加えて、「その人がその知識をもつということがどういうことか、それらの命題についての知識の表出をなすとみなされるものが何かを特定」すること、すなわち、何をもって意味の帰属の正当化とみなされるかを特定することが、実践的能力の表示には不可欠だとされる。そのような形での表示をも提示できないかぎり、意味理論は理解の理論としての資格をもちえないと考えられるからである。そして、引用には述べられていないけれども、この表出という形での「表示」部分に「意義の理論」がかかわってくる。ただし、この点は後でもう少し説明を加えたい。

さてそこで、実践的能力の複合体としての言語について、その言語を習得した人がもつ知識を、意味理論の形で実際にどうやって表示するか、特にいま述べた二重のいみでどう表示するか、ということを考えてみよう。

どういう言語であれ、その言語で生み出される文の数は潜在的に無限なのだから、言語知識を表示する理論は、少なくとも、そういう潜在無限個の各文について、その意味の表示を生み出すことができるような理論でなければならないはずである。そして、潜在無限個の文を有限のリソースで処理できるような理論は、再帰的な理論にならざるをえないであろう。また、その再帰的な構造は、文がその構成要素となる各語や表現から合成されるその合成パターンを反映した構造をもっていなくてはならないはずである。こういった諸条件を考慮するとき、言語知識を表示する理論としてもっとも相応しいのはタルスキの真理理論ではないか、というのが意味理論を考える人々の間で形成されてきた合意である。[7] というのも、タルスキの真理理論は、ある言語Lのすべての文Sについて、

'S' が真であるのは、P のとき、そのときにかぎる（'S' is true iff P)。

という定理を産出するような理論だからである。明らかにこの定理は、文 S の真理条件を示しているように見える。だから、もしこの定理（これ以降「T-文」と呼ぶ）が同時に文 S の意味表示を与えていると見ることができるならば、タルスキの理論そのものが言語理解を真理条件に基づいて表示する理論、すなわち真理条件的意味理論として転用できるはずだ。

このような発想に基づいた意味理論の実際の構成がどのようになされるか、という問題に立ち入る余裕はないので、とりあえず、ここまでの話は認めることにしたいと思う。つまり、上のような発想のもとで、何かしら真理条件的な意味理論めいたものが構成されうる、ということを認めた上で、話を先に進めたいと思う。では、そのように構成された理論は、ダメットが意味理論と認めるようなものになっているのだろうか。そうはなっていない、というのが彼の答えである。しかし、そうであるからといって、タルスキ的真理理論のような演繹的理論をベースにするという発想そのものが誤っているとまで彼は主張しているわけではない。したがって、上述のようなやり方で（ダメットの考える）まっとうな意味理論を構成しようとすれば、そこには何が欠けているものがあり、その欠けているものを補完してやる必要がある。それゆえ、欠けているものが何であり、それをどう補うかが以下の課題だ、ということになる。

この問いに対するダメットの答えを見るためには、意味の知識を表示するということが、ダメットにとっては二つの局面――言明の意味内容（命題内容）の特定とその内容を話者に帰属することの正当化――からなっていたことをふたたび思い出してもらいたい。ダメットの（上述の発想に対する）批判の要点はこうである。真理理論の真理条件的意味理論への転用は、第一の局面での表示、すなわち、言明の意味内容の特定を行うには充分であるかもしれないが、第二の局面、その意味内容を話者が把握するということが何に存するかを示すという点では充分ではない。もっと簡単に言ってしまえば、ダメットの批判は、真理理論の意味理論への単なる転用という発想だけでは、表出の要求を満たせない、という点につきる。

そうすると、問題は次の二つに集約されるであろう。転用された真理理論としての意味理論が第二の局面を処理できないとされる理由は何か。さらに、第二の局面、つまり表出の要求に応えるために、意味理論には何が付け加えられる必要があるのか。ダメットは、これらの問いに対する答えを、デイヴィドソンの理論を素材にしながら与えている。以下では、それがどのような議論になっているかを少々立ち入って検討してみよう。(8)

ダメットはデイヴィドソンの意味理論について評価を大きく変えている。自ら述べているように、WTM (I) では、ダメットは、ディヴィッドソンの意味理論を基本的には上述のような真理理論の転用に基づく理論と捉え、その意味で「つつましい意味理論」でしかないという評価を下している。その上で、彼はそれが「徹底した意味理論」であるためには何が欠けているのかを徹底して論じているのである。しかし、その後、ダメットはその評価を撤回し、デイヴィドソンの理論が「徹底した理論」であるとした上で、その理由をふたたび徹底的に論じている。われわれとしては、この評価変更以前と以後のダメットの議論を見ることによって、上の二つの問いに対する答えを探りたいと思っているのである。ただし、ダメットは、デイヴィドソンの理論を「徹底した理論」と見るようになったからといって、それが正しい意味理論だと考えているわけではない。というのも、デイヴィドソンの理論はあくまでも二値原理を前提とした理論にほかならなず、その意味で実在論的な理論だからである。(9)

議論に入る前に、すでに何度か言及したことではあるけれども、ダメットの前提をあらためて確認しておこう。ダメットにとって、意味理論とは、ある人がある言語を習得しているとき、その人のもつその言語の知識を（理論的な形で）表示するような理論である。このとき、「表示」と言われるものが二つの部分、あるいは二つの局面からなることに注意する必要があった。そして、二つの部分というのは、一つは、その言語の各文の意味内容（命題）を特定するという形での表示であり、もう一つは、そのような意味内容をその人が把握しているということが何に存するかを表示するといういみでの「表示」である。ダメットの書いたものの中では、後者の「意味の把握が何に存するか」という言い回しがやたらに登場するが、これは、「話者にある語やある文の意味の把握をわれわれが帰属するときに、その帰属を正当化するものは何か」という意味の問いであり、端的には「何が表出の要求を満たすのか」という問いでもある。そして、この形での表示が問題になるのは、言語の知識がつねに明示的な知識――別の言葉で記述可能な知識――ではなく、実践的な能力という形をとるからである。

以上を踏まえた上で、まず、真理理論を単に転用しただけという形の意味理論が、当の言語の各言明についてその意味内容を特定するという機能は果たせるものの、その知識を話者がもつということが何に存するのかを明らかにすることはできない、という批判から考えていこう。

言語Lについての真理理論は、Lの基礎的な語彙について、その指示対象や充足条件を定める公理を含んでいる。例えば、言語Lが「ヴァレンシア」という名前を含むとすれば、そしていまかりにメタ言語が対象言語の拡張であり、その真理理論がホモフォニックな理論[10]であるとすれば、Lの真理理論は「「ヴァレンシア」は、ヴァレンシアを指示する」のような公理を含むし、「…は都市である」という述語を含むならば、「xについて、それが「都市である」と語ることが真であるのは、xが都市であるとき、そのときにかぎる」のような充足条件の規定が公理として入ってくるはずである。その上で、こうした公理から、演繹的な道具を使って、「「ヴァレンシアは都市である」が真なのは、ヴァレンシアが都市であるとき、そのときにかぎる」のような定理（「ヴァレンシアは都市である」についてのT-文）が導けるようになっているはずである。

さてそこで、ダメットは次のように問う。このような真理理論が、言語Lを習得している人のもつ言語的知識の表示を与えていると考える根拠はあるだろうか。言語的知識の「表示」に、言明の意味内容を把握することが何に存するかを示すという局面が含まれるかぎり、そのような真理理論が言語的知識の表示を与えるとは見なせない、というのが彼の答えである。この答えを導くのに、ダメットは一つの区別を導入する。それは、（1）ある文について、それが真であると知ることと、（2）その文によって表現される命題を知ること、の区別である。[11] この区別は、重要であるにもかかわらず、ほとんど注意されてこなかった、とダメットは言う。それが重要な区別であるということを、真理理論の公理を例にして見てみよう。「「ヴァレンシア」は、ヴァレンシアを指示する」という公理が真であるということは、「ヴァレンシア」が固有名であるということと「指示する」の意味を知っていさえすれば、そもそもヴァレンシアが何であるかを知らなくても、知られうる。これと同様なことが、充足条件を述べた公理についても言える。とすると、そのとき、一定の演繹的推論を使いこなせさえすれば、「「ヴァレンシアは都市である」が真なのは、ヴァレンシアが都市であるとき、そのときにかぎる」というT-文について、「ヴァレンシアが都市である」が実際何を意味するかを知らなくても、その真理をわれわれは知りうるのだ、ということが帰結する。

ダメットがここで思い描いているのは、次のようなことである。真理理論は、演繹的な理論であり、様々な公理と様々な定理とが演繹的な結合を通して互いに結びついている、そのような理論である。だから、ある文についてそのT-文を導こうとすれば、その文に登場する複合的な語はさらに単純な語に分解され、最終的には単純な固有名や述語に到達できるはずである。そして今度は、それらの指示や充足を定める公理から、逆のステップをたどって、当のT-文に達することができるであろう。その意味で、真理理論は言語の合成的な性格をきちんと反映した構造になっている。しかし、これらのステップのどれにおいても、その固有名が何を意味し、その述語が何であるかという把握をまったく落としたままで、それらのステップを踏むことが可能である。その結果、そうしたステップの末端におけるT-文自体についても、その真理を知ることはできるにもかかわらず、そのT-文が扱っている当初の文そのものの内容把握が一切与えられないという事態が出来してしまう。こうした事態が可能であるとすれば、その理論構成には、意味内容（命題）の把握に相当するものは何もないのではないか、というわけである。また、この結論は、メタ言語として対象言語の拡張を考えるか否かによっては左右されない。メタ言語が対象言語とはまったく異なる言語であったとすれば、意味内容の把握は、メタ言語の文の意味把握に移行するだけであり、その結果、当の真理理論は翻訳マニュアルを越えたものにはならないであろう。

言い換えれば、われわれが一定の演繹的推論を遂行でき、かつどの語が固有名であり、どの語が一般名辞かが判別でき、さらに「指示する」や「充足」といったいくつかのメタ言語的タームを使用できさえすれば、一切の意味把握がなくとも、T-文の導出ができてしまう。したがって、上のような真理理論を転用したとしても、そのような意味理論からは、当の文の意味を理解するのに要求されるのが何であるかはわかるにしても、そしてそのいみで、その文の内容の特定は可能であるとしても、そこからその文の内容理解が何に存するか、その命題理解の話者への帰属を何が正当化してくれるのか、は出てこない。それゆえ、そのような理論は意味把握の表示としては不十分なのである。もちろんダメットは、デイヴィドソンの意味理論がいま述べてきたような真理理論の単純な転用型だと主張しているわけではない。しかし、WTM（I）の時期には、彼は、いくらか意匠を施したとはいえ、デイヴィドソンの理論にも上述の批判がそのままあてはまると考えていた。

しかし、その後ダメットはデイヴィドソンに対する評価を逆転させる。(12) デイヴィドソンの意味理論は、（話者による）文の意味内容の把握をちゃんと表示できる理論であり、そのいみで、それが「つつましい意味理論」だという当初の評価をキャンセルして「徹底した意味理論」としての資格をもつとされる。その理由は、ダメット自身が、デイヴィドソンの「証拠」概念の位置づけを取り違えていたからだとされるのだが、この点についてはいまは立ち入らないことにしたい。問題は、デイヴィドソンの理論が徹底した意味理論になっていることをダメットが説明する、その説明である。これを見ることによって、「命題の把握」とか「話者への言語的知識の帰属」の「表示」が意味理論においてどのように実現されるか、その方策がわかるのではないか、と期待されるからである。

この点を説明するのに、ダメットは、固有名「モーゼ」についてのウィトゲンシュタインの説明がアナロジーとして助けになると主張している。(13) ウィトゲンシュタインの説明はこうである。まず、「モーゼ」という名前を含む膨大な数の文がある。その中にはわれわれが普通に一致して真だとみなしているような文も数多くあるはずである。例えば、「モーゼは王宮で生まれた」とか「モーゼはエジプトでの奴隷状態から人々を抜け出させた」等々がそうした文であろう。そのとき、「モーゼ」という名前の指示対象は、われわれが真だとみなしているそれら数多くの文のうち、その大多数が実際にその人物についてあてはまっている、そのような人物のことだ、というのである。だから、「モーぜ」が指示対象をもつためには、それらの文がいずれも誰かについて真であるという必要はないが、その大多数があてはまるような一人の人物が存在していなくてはならない。

そこで、ダメットは、名前「モーゼ」の使用を知ることとは、その名前「モーゼ」が人間モーゼ(the man Moses)を指示すると知ることだと主張されたと仮定する。このとき、この主張が実質をもつためには、主張の後半部分「名前「モーゼ」が人間モーゼを指示すると知る」が、単に「「名前「モーゼ」がモーゼを指示する」という文が真であると知る」と解釈されてはマズい。というのも、先に区別したように、ある文が真であると知ることとその文の意味内容を知ることとは異なる事態であり、前者の知識は、「モーゼ」が固有名であり、それが指示対象をもち、「指示する」を使えさえすれば、(意味内容の把握なしに)誰にでも知られうることだからである。したがって、「名前「モーゼ」が人間モーゼを指示すると知る」が、上の仮定のようにその名前の使用にまで結びつくべきだとすれば、その知識は、「「名前「モーゼ」がモーゼを指示する」という文が真であると知る」といういみでの単なる真理の知識を超えた知識でなければならないはずである。

では、その超過分の知識は何によって表示されるのであろうか。それは、「名前「モーゼ」が人間モーゼを指示すると知る」者が同時に固有名について上述のようなウィトゲンシュタインの説明をも知っていることだ、とするのは一つの考え方である。つまり、超過分は、指示の知識に加えてウィトゲンシュタインの説明をもつという点にあるのだというわけである。しかし、ウィトゲンシュタインの説明を知っているということは、単に「当の名前が指示するものは、その名前を含み、われわれが普通に一致して真だとみなしている大多数の文があてはまるところのある人物が存在する」ということに過ぎないのであって、その知識はあまりに一般的過ぎるのではないか。これでは、「モーゼ」についての特有の知識が確保されたことにはならない、とダメットは言う。むしろ、超過分の知識は、モーゼに妥当するとわれわれがみなしている個々の文、すなわち「モーゼは王宮で生まれた」や「モーゼはエジプトでの奴隷状態から人々を抜け出させた」等々の具体的な文を把握することであり、それらの把握こそが名前をその使用に結びつけるのである。

このような理解を提示した上で、ダメットは、デイヴィドソンの意味理論についてもウィトゲンシュタインの固有名についての説明と同様なことが言える、と主張する。デイヴィドソンの理論も真理理論の転用であることはまちがいないから、上でみたように、それは指示や充足条件を定める様々な公理を含んでいる。そして、デイヴィドソンの場合に、解釈者がそれらの公理の真理性を把握するだけでなく、公理が表現する命題そのものを把握していると言えるのは、その言語を話す人々がどの文を真としているか、その大多数の文を解釈者が「証拠」として知っているからだ、というわけである。例えば、真理理論の公理に「「モーゼ」はモーゼを指示する」があったとしよう。デイヴィドソン理論の解釈者は、単にこの公理の真理性を知っているだけでなく、その公理が表す命題を把握していると言ってよい。なぜなら、その解釈者は、天下りにこの公理を立てたわけではないからである。この公理がまさに意味理論の公理として保持され続けているのは、様々な証拠にもとづく経験的なテストをパスしてきたからである。そのような経験的テストの過程を通して、解釈者は解釈される側の人々が「モーゼ」を含むどの文を真としているかを、それも大多数のそういう文に関して知っていなくてはならないはずである。したがって、公理「「モーゼ」はモーゼを指示する」を知る人は、同時に、当の言語においてモーゼについて真とされている文の多くを知っており、そういう知識を通して、モーゼが誰であるかの理解を表出できるであろう。そのいみで、すなわち、意味内容の把握を表示するのに充分なリソースを理論のうちに含んでいるという点で、デイヴィドソンの理論は「徹底した理論」だとされる。

もしディヴィッドソン理論についてのこのような理解が正しいとすれば、そこでは意義の理論――意味内容の把握が何に存するかを表示する理論――は、コアとなる指示の理論とは別立てに与えられなければならないように見えるかもしれない。たぶん、ダメット自身も最初はそのように考えたのではないだろうか。だから、この理論は徹底した理論ではないという判断に到ったのだと推測される。しかし、そういう理解の仕方は実情を取り違えている。というのも、たしかに真理理論としてのコア部分と、証拠による経験的テストにもとづく意義の理論とは異なった役割を担っており、そのいみでは異なる二つの部門と言えないわけではないが、これら二つの部門は互いに独立しているわけではなく、意味理論の構成にあたっては相互の往復――ダメットの言い方では、上向きの導出 (upward derivation) と下向きの導出 (downward derivation) ――が不可欠だからである。最初に独立に指示の理論が構成されるわけではないし、補足理論として意義の理論があるわけでもないからである。それらは一体のものとして理解されなければならない。このことにダメットは気づいたがゆえに、当初の評価を撤回したのである。

3　反実在論的意味理論と意義の役割

さて、ここでダメットが意味理論に意義の概念を導入することのポイントをあらためて検討してみよう。実を言えば、ダメットは、これまでの文脈とは少々異なるいくつかの箇所で、意義の導入の必要性と意義の公共性、そしてフレーゲの意義がいわゆる記述のようなものではないことをかなり長々と論じている。(14) しかし、ダメット自身はその議論がフレーゲの「意義と意味について」の冒頭の議論を敷衍したものにすぎないと言っているにもかかわらず、それは手に負えないくらい煩雑な議論である上に、議論としては完結したものになっていないように思われる。したがって、ここではその議論とは別な形で、意義を導入することのポイントを考えてみたい。

これまでの話から明らかなように、意義を導入することの眼目は、意味理解の表示における二つ目の側面、つまり、意味内容の理解を話者に帰属することがいかに正当化されるかという側面にかかわっている。もし意味理論に求められているのが、当の言語の各文についてその意味内容を特定することだけであれば、乱暴な言い方をすれば、真理理論の転用で事は済むのだから、意義を導入する必要はない。ところが、ダメットが意味理論に要求しているのは、そうした意味内容の特定にとどまらず、意味帰属の正当化をなすものの特定までをも含む以上、単なる真理理論の転用では十分ではないのである。それを補完する何かが必要とされている。そしてそれを補完するものは、意味理解の帰属を使用のレベルに結びつけるような装置でなくてはならない。だから、殻としての意義の理論はそのような装置としての役割を果たしているのである。あるいは別の言い方をすれば、そのような意味理解の帰属を使用に結びつけるものこそが、ダメットによって意義と呼ばれているものにほかならない。そのいみで、意義の導入は、ダメットにおいては表出の要求と完全に一体化したものとなっている。

二つほどコメントを付け加えたい。以上のように考えられるものとしての意義は、フレーゲの意義とは一見したところ大分かけ離れたもののように思われる。しかし、ここでは論じないけれども、先に言及したダメットの煩雑な議論は、ここで導入された意義がフレーゲ的な脈絡での意義と同様な役割を果たすということを論じたものと見ることができるように思われる。第二に、意義の導入は意味理論の徹底性にかかわっているという点を見逃してはならない。ただし、意味理論に対する徹底性の要求がどのような要求として適切に理解されるべきかに関しては、以下でもう少し意味理論の構造を論じてからもう一度議論することにしたい。

さて、ふたたび話を意味理論の構造に戻すことにしよう。われわれの次の問いはこうである。上で見たような、表出の要求に十分答えるものとしてのデイヴィドソン的な真理理論は、ダメットの考える意味理論にとって適切なモデルを提供するであろうか。答えはもちろん「モデル」をどれくらい広くとるかに依存するけれども、端的にこれを転用できるかと言えば、それは不可能である。その理由は、真理理論が生み出すT-文と証拠との一致が、すでに第三章で見たように、全体論的な観点を要求するからである。この点を押さえておくのは重要である。ダメットは、全体論を反駁するための独立の論拠をもっていた。したがって、ここでダメットは全体論を採ることはできない。だが、そうすると、デイヴィドソン理論において確保された意味理論の徹底性はどうなってしまうのだろうか。話をわかりやすくするために次を見ていただきたい。

真理理論＋証拠＋全体論＝徹底した意味理論

ひどく簡略化して言えば、（ダメットが解釈するところの）デイヴィドソンの議論はこの等式のような構図をもっている。もしここから全体論を差し引けば、徹底した意味理論を取り逃がしてしまうことは明らかである。では、ダメットはどうすればよいのか。その解答は次の引用にある。[15]

しかしながら、中心概念が実効的な概念である場合――その概念の適用条件が、それらの条件が成立するときにはいつでも話者によって成立していると認識されうるような、そういう概念である場合――意義の理論によって指示の理論を補完する必要はない。そういうタイプの意味理論においては、指示の理論と意義の理論は合体してしまうと言ってもよい。

ダメットが主張しているのは、

真理理論＋実効的概念による中心概念の置き換え＝徹底した意味理論

という図式である。また、実効的な概念としてダメットが言及しているのは、検証可能性や反証可能性といった概念、そして数学的言明の場合は、証明という概念である。ここでは、そういう実効的な概念をまとめて正当化可能性の概念と呼ぶことにしよう。問題は、真理理論における中心概念を認識超越的な真理概念から正当化可能性の概念へと変えるならば、証拠や証拠との全体的一致といった観念なしに、徹底した意味理論が得られてしまうのはなぜか、である。そこにいったいどのようなメカニズムが働いているのか。

これを考えるために、ゴールドバッハの予想「4以上のすべての偶数は素数の和である」を取り上げよう。この文は現時点では実効的に決定可能ではない文である。さて、この文をカバーできる真理理論は、この文に現れる各々の語について、その充足条件や指示を定める公理を含んでいるはずである。そうすると、この理論からT-文「「4以上のすべての偶数は素数の和である」が真であるのは、4以上のすべての偶数は素数の和であるとき、そのときにかぎる」が導出できるはずである。しかしこのT-文は、表示という点で言えば、話者がこの文の意味を知るために知っていなければならないターゲットを特定するだけであって、このT-文そのものが「話者がこの文の意味を知っているということが何からなるか」、すなわち、表出の要求を満たすものが何か、の表示を提供しているわけではない。理論において使われている真理概念が認識超越的な真理概念の場合、真理理論から帰結するのはここまでである。

しかも、こうした実効的に決定可能ではない文の場合には、デイヴィドソンがやったように証拠との全体的な一致という観点を持ち込んだとしても、表出の要求を満足するところには決して到達できない。というのも、そのような文については、その真理条件の成立・不成立と、その成立・不成立のわれわれによる認識とが結びつくことはありえないからである。これは、前の章で長々と見てきたことであった。

では、正当化可能性の条件にもとづく意味理論の場合には、どうなるのか。ダメットの答えはこうである。

その答えは、二値原理を捨て去り、われわれの言明が真であることをわれわれが立証したちょうどその場合にそれらの言明は真だ、と考えることであり、数学的言明が問題になっているときには、われわれがそれらを証明した場合、あるいは少なくともそれらの証明を得るための実効的方法をもつ、まさにその場合にそれらの言明は真だ、と考えることである。(16)

ダメットが言っているのは、意味理論の中心概念を、二値原理を満たすような真理概念、あるいはわれわれの言い方では認識超越的な真理概念から、証明の概念ないしは証明を得るための実効的方法の所有の概念へとチェンジしろ、ということである。それがどういう結果をもたらすかを見る前に、二点注意をしておきたい。まず、ここで言われている「証明」の概念は、第二章で見たＢＨＫ解釈で使われていたような構成的証明の概念でなくてはならない。排中律や背理法を許すような、いわゆる古典的証明を含めるならば、中心概念をふたたび認識超越的な真理概念へと戻してしまうことになるからである。第二に、本章のはじめの方で、ダメットが真理条件的意味論ばかりを問題にして、反実在論的な意味論を直接論じないのは奇妙だ、ということを述べたが、その疑念に対する解答が上の引用に示唆されている。引用で言われているのは、真理概念を完全に捨てろということではない。重要なのは、「認識超越的な」真理概念を、証明が得られたときに真だと承認できるような、より弱い、あるいはより構成的な真理概念で置き換えろということなのである。したがって、真理条件的な意味理論の形式そのものが実在論をもたらしているわけではない。大事なのは、そこで使われている真理の概念がどういう制約を満たす、あるいは満たさない概念か、なのである。これによって、反実在論を目指そうというダメットがもっぱら真理条件的意味理論に焦点を合わせているのはなぜか、という疑問は氷解するはずである。

ではあらためて、ダメットが主張するような中心概念の入れ替えは、意味理論にどのような変化をもたらすのか、という問題へと戻ろう。意味理論の中心概念が証明ないし証明を入手する実効的手段の概念によって置きかえられるとき、ゴールドバッハの予想「4以上のすべての偶数は素数の和である」の意味は、その証明条件およびその反証条件とによって与えられる。ここで反証条件が付け加わるのは、その条件がちょうど「真理条件の成立および不成立」と言うときの「不成立」の方に対応していると考えればよい。では、ゴールドバッハの予想の証明条件とは何か。その反証条件とは何か。まず反証条件の方から考えよう。それは、素数の和としては表せない、4以上のある偶数を見つけ出すことである。そして証明条件の方は、任意の偶数が与えられたときに、それを二つの素数の和として表現できることを示す一般的な方法を見いだすことである。ダメットの主張は、これらの条件を理解することがゴールドバッハの予想「4以上のすべての偶数は素数の和である」の意味を知ることだ、ということにほかならない。注意すべきことは、言明の理解に到達するには、これらの条件がいずれも実際に満たされている必要はない、という点である。重要なのは、どういうときにその言明が証明されたことになり、どういうときにそれが反証されたことになるのかを把握することであり、そうした把握が当の言明の意味を理解することだとされるのである。このことはあるいみでは、ごく当たりまえのことである。ゴールドバッハの予想をこれから証明してやろうとか、あるいは反証してやろうとする人は、何をやろうとしているのであろうか。何をすれば証明になり、何をすれば反証になるかを知らずに証明や反証に取り組むことはできない。そしていったん証明と称されるものなり反証と称されるものなりが与えられたら、それをチェックし、理解する人は、まさに上で述べたような条件が達成されているか否かを判断するのではないだろうか。

　こうした証明条件と認識超越的な真理条件との違いは、まさにその証明条件が満たされたときには、そのことがわれわれには認識できるし、反証条件が満たされたときにはそれがわれわれに認識できる、という点にある。認識超越的な真理条件の場合には、そして問題の言明が実効的に決定可能ではない言明の場合には、その真理条件の成立・不成立は、われわれに成立・不成立として認識できるようなものではなかった。そのために、認識超越的な真理条件は使用の中での表出と結びつくことはできなかったのである。しかし、証明条件の場合には、いったんその証明が与えられたならば、(理想的には) われわれはそれを証明として認識できるし、また、その証明された言明を主張し、疑念が示された場合には当の証明にもとづいてその主張を正当化したり、あるいは証明された言明を前提にしてさらに何か別の言明を証明するなどという行為を通して、その認識をマニフェストすることができるのである。

理論の中心概念が実効的な概念の場合、意義の理論による補完が必要ないというダメットの主張は、以上のように理解できるであろう。もちろん、正当化可能性の条件を基礎におく意味理論が実際にどのように構成されうるかについては、ここでは何も語られていないし、当然のことながら多くの困難も予想される。たぶん、もっとも大きな困難は、数学的言明以外の言明の場合に、「証明」に相当するものをどのように考えるか、という問題であろう。

しかし、ここまでの議論から、ダメットの構想の大まかな見取り図が得られたのではないだろうか。力の理論を別とすれば、意味理論は、指示の理論だけでなく、意義の理論をも必要とする。それは、意味理論が為すべき表示が、ある言明を理解するときに話者が知るべき意味内容の特定という局面だけではなく、そういう意味の把握が何に存するか、ということをも示すような局面を含んでいるからである。そのいみで、意味理論の徹底性、意義の理論の必要性、表出の要求という三つの要件が、ダメットの考えの中では完全に一体となっている。

4　意味理論の「徹底性」をもう一度考える

最後に、意味理論は「つつましい（modest）理論」であってはならず、「徹底した（full-blooded）理論」であるべきだというダメットの主張をもう一度検討しておきたい。ダメットの徹底性の要求は、様々な形で批判されてきた。その際に引用されるのは、ダメットの次のような主張である。

意味理論は、新たな概念をあらかじめもっていない人にそれらの概念を説明するのに役立つべきだ、ということを意味理論に要求することは、意味理論にあまりにも過重な負荷をかけることである。(17)

これは、ダメットがつつましい理論を特徴づけるために述べていることであるから、つつましい理論ではない理論、すなわち徹底した理論は、「新たな概念をあらかじめもっていない人にそれらの概念を説明するのに役立つ」ような理論だ、ということになる。

これに対し、マクダウェルは、意味理論にそこまで、すなわち「新たな概念をあらかじめもっていない人にそれらの概念を説明するのに役立つ」ような理論であるべきだということまで期待するのは、法外なことだし、そもそもそういう期待は健全ではないという趣旨の批判を行ってきた。[18] ここでは最初に彼の批判を検討し、その上で、ダメットの側からどういう応酬が可能かを考えてみたい。

マクダウェルの議論は一つの疑念から始まる。その疑念はこうである。ダメットは、真理理論の単なる転用と見なされるような意味理論を、翻訳マニュアルとどこが違うのかと言って批判する。そのような意味理論がホモフォニックな理論、すなわちメタ言語が対象言語の拡張であるとともに、文Sの真理条件がS自身によって与えられるような意味理論の場合には、ダメットはその意味理論から導かれる定理、「'S'が真であるのは、Sのとき、そのときにかぎる」という形のT-文を、結局はそれが真理の余剰説でしかなく、余剰説は維持しがたいとして拒否するのである。他方、意味理論のメタ言語が別の言語であるような場合には、彼は、そのような意味理論が翻訳マニュアルの域を出るものではなく、意味理論がなすべき作業を別の言語へと先送りしているだけではないかと批判する。このようなダメットの主張を見ていると、彼はもしかすると意味理論がなすべき仕事を、言語の意味を言語の「外側からas from outside」与えることだと考えているのではないか。マクダウェルはこう推測する。しかし、これがマクダウェルの疑念だというわけではない。彼の疑念は次の点にある。もし、意味理論の仕事が、言語の意味をその言語の外側から与えることであるとすれば、意味理論自身が何らかの言語において与えられなくてはならないといういかんともしがたい事実はどうなるのか。マクダウェルの疑念は、別の言い方をすれば、言語という表象システムの働きを一切の表象システムを離れたところから与えようとしてもそれは不可能なのではないかという疑念、マクダウェル自身がそう言っているわけではないが、たぶんわれわれがフレーゲや『論考』から得たはずの一つの教訓から発するような疑念なのである。

もしダメットがそうした教訓を無効にするようないみで「外側から」ということを考えているのならば、ある言語についての意味理論は、言語をいまだ獲得していない人に対して、その言語で表現できる概念をもたせることができるはずである。つまり、その意味理論は徹底した意味理論になるはずである。ウィトゲンシュタイン的な教訓をまともに受け取るかぎり、そのような「外側から」はありそうにないのだから、ダメットの「徹底した意味理論」の要求にはどこかおかしいところがあるにちがいない。これがマクダウェルの批判の出発点である。

実際にはマクダウェルはもっと手の込んだ言い方をしているけれども、そういう細部は無視して、批判のポイントとなる事柄をまとめてしまおう。意味理論が達成すべきことの一つが、問題となっている言語のすべての文について、その内容の特定化を行うことだとしよう。そのとき、ダメットが考えているように、意味理論がその作業を言語の「外側から」行うべきだとすれば、次のことが帰結するように思われる。すなわち、意味理論は、文の内容特定を、その文の内容の「外側から」行わねばならない。

このマクダウェルの指摘には二つのポイントがある。第一に、そういう「外側」として何が考えられるか。文の内容特定のために、その文の内容そのものに言及できないならば、その外にあるのは行動しかないとマクダウェルは考える。そして、前章で見たように、ダメットは心理主義を回避することに急ぐあまり、一挙に行動主義の方向に行ってしまったという見方をくり返している。さらに、マクダウェルは、表出の要求が基本的には意味の理解を行動主義的なタームへ還元せよという要求にほかならないと捉え、そのような還元がうまくいかないことを指摘している。

この最後の論点は、ライトの取り上げた例を見ればもう少しはっきりするかもしれない。[19] ライトは、ある人の「海の水が冷たい」という信念がいかにマニフェストされるかを問題にする。たぶん、その信念のもっとも端的なマニフェストは、水に入るのを拒絶するという形をとるはずである。しかし、不屈の精神を示したいと思って、あえて水に入ることによってその信念をマニフェストするような人がいるかもしれない。まったく正反対の行動が同じ信念を表出するということがありうるのである。このことは、表出とみなされるものの特定が、背景的な他の信念や欲求の全体から切り離してはなしえない、ということを示唆するし、同時にそれは、行動における表出のあり方が無限に多様でありうることを示唆している。したがって、行動主義的なタームによる記述への還元によっては、文の内容特定は成功しない。これが第一の論点である。

第二に、マクダウェルが指摘するのは、有意味な発話は心を巻き込んでいなくてはならないという点である。言い換えれば、言語を話すという実践を記述するには、その記述において心の役割が記載されていなくてはならない。この記載なしに、言語実践のまっとうな記述はありえない、というのである。この指摘自体は正しいのではないかと私は思う。少し乱暴な言い方をすれば、合理性や規範性を含む実践を、そうしたものを一切含まない中立的なタームによって記述するということは、その実践のある側面を切り落としてしまうことになる、という見方は基本的に正しいと思う。その上で、マクダウェルは「有意味なスピーチにおける心の関与は、その発話をわれわれが内容によって記述する場合にのみ明示的に表現される」[20]と主張する。したがって、心を巻き込んだ発話の記述は、その発話の内容を引き合いに出すことなしにはありえないのだから、そのいみで内容の外側からの記述は不可能だということになる。

このように見てくると、マクダウェルの議論は基本的に二つの前提に依拠していることがわかる。まず第一に、ダメットが内容の外側と見ているところには純粋に行動の記述しかないということ、つまりダメットの表出の要求はつまるところ行動主義への還元にほかならない、とマクダウェルは考えている。第二の前提は、ダメットによる「徹底性 full-bloodness」の要求が、ある概念をもたない人に意味理論の理解を通して、その概念を獲得させうるという要求だ、とするものである。もし実際にダメットがこれら二つの前提を保持しているならば、マクダウェルの議論を待つまでもなく、ダメットの「徹底した意味理論」という構想が途方もないものであるということは誰の目にも明らかである。だが、本当にダメットの議論はこれらの事柄を前提にしているのだろうか。マクダウェルに対する直接の反論としてダメットは次のように述べている。

私は何度も次のことを述べてきた。意味の理論は、複雑な現象における諸規則性を科学的に体系化するものとして評価されるべきではない。それは、合理的なエージェントが参与する実践の理解可能な記述を与えているかどうかで判断されるべきである。われわれは、予測能力をもつ理論を探し求めているのではなく、そうした［言語的］活動を、合理的な存在によって実行される活動として理解するような記述を探し求めているのである。(21)

この引用からも明らかなように、ダメットの表出要求を行動主義的なタームによる記述への単なる還元と解するのは完全に誤りであり、それはもっとダイナミックな正当化プロセスを含むものと解釈されなければならない。このことはすでに前の章で見てきたことだから、ここではこれ以上問題にはしないで、二つ目の前提に焦点を合わせたいと思う。

意味理論は徹底した意味理論であるべしとダメットが要求するときに、そこで考えられている「徹底性」とはどのような事柄なのだろうか。これをわれわれはあらためて検討する必要がある。というのも、この節の始めの方で「徹底した意味理論」を「新たな概念をあらかじめもっていない人にそれらの概念を説明するのに役立つ」ような理論だというように定式化したが、まずもってこの定式化はあまりにもラフだし、ダメットの意味理論の構想や反実在論の論証に必要な「徹底性」が何であるかをまったく示していないからである。たしかに、ある時期のダメットは、徹底性の要求を、まるでそれが新たな概念獲得の可能性についての要求であるかのように語っていた。(22)その点で、マクダウェルの批判はいわれのないものではない。しかしながら、その時期にあっても、ダメットの書いたものを丁寧に見ると、反実在論の論証にとって必要なのは、意味帰属の正当化の要請までであって、それ以上のものを要求する必要が一切ないように議論が組み立てられている、ということがわかる。そしてその後、反実在論に必要なものがどこまでかがはっきりと自覚されるにつれて、新たな概念獲得の要求は姿を消すようになった。実際、ダメット自身がLBMにおいては、次のように述べている。(23)

その言語のすべての語について、それらが表現する概念を、あらかじめそれらの概念をまったく所有しない人にもたらす、そのような説明を意味理論が与えるということはどのようにして可能なのか。

そうした要求は明らかに途方のないものである。つつましい意味理論の提唱者たちが抵抗する要求は、もっと和らげられた形で述べられるべきであろう。つつましい意味理論は、…これらの概念を把握することが何であるかのいかなる説明も彼らが要求しない、ということを仮定する。

こうして、意味理論が表示しなければならないことと徹底性の要請とがふたたび重なる。意味理論は、言明や概念の意味内容を特定するだけでなく、その内容を把握することが何に存するかを表示しなければならないのであり、ダメットの議論においては、まさしくその要請が徹底性の要請に重ね合わされている。ここに、新たな概念の習得の説明をわざわざ介在させる必要はない。だから、われわれとしてはここで、「概念の把握が何に存するかを説明する」ということがいかなることなのかを解明するという一点に焦点を絞ってよいと思われる。

この点を明らかにするために、デイヴィドソンの意味理論がどういういみで徹底した理論であったのかをもう一度検討してみたい。そこでの問題は「「モーゼ」はモーゼを指示する」という公理の命題内容を把握することが何に存するか、であった。この公理自身は、もちろん「モーゼ」という語の指示する対象を決定するための公理である。だから、この公理の把握ということによって求められているのは、語「モーゼ」と言語外の領域にある対象との結合である。つまり、意味理論には言語と言語の外とをつなぐという役割が求められているのである。ただし、この言語の「外」は、マクダウェルの言う「外側から」の「外」と同じではない。マクダウェルの「外」は、意味理論の外という意味だからである。しかし、考えてみれば、意味理論が言語と言語の外とを接続しなければならないということは、あるいみで明らかである。言語と言語の間をただ循環するだけというような意味理論は、その名に値しないであろう。けれども、その一方で、いかなる表象システムをも離れた地点で、言語と世界の関係を説明したり論じたりできない、ということもたしかである。いったい、このあたりの事情はどのように考えればよいのだろうか。

問題は、接続の仕方にある。われわれは言語と言語外の環境との接続を意味理論において説明しようとしているのだから、その意味理論を述べる言語そのものから離れるわけにはいかない。いかなる言語においても定式化されない意味理論というのは、ただナンセンスなだけだからである。そのいみで、われわれは表象システムの外に出ることはできない。では、意味理論という表象システムの内部で、言語と言語の外をつなぐということはどのようなことなのか。言い方は少し違うかもしれないし、相当ラフな言い方であることを覚悟して言えば、ダメットのアイデアはこうである。まっとうに言語を使えている人は、言語外のものとのリンクをちゃんとつけている。これは大前提である。だから、言語と言語の外を直接つなぐのではなく、間に言語を使える人を介在させて、その人が言語をちゃんと使えるということがどういうことかを説明すればよいのではないか。ただし、このただし書きが重要なのだが、その説明を行うにあたって、「かくかくの概念の把握」とか「かくかくを理解している」のような、当のリンクの存在を前提にするような言い回しを一切のぞいて、というわけである。

ダメットは、このただし書きの条件を満たすような意味理論を「徹底した意味理論」と呼んでいるのだ、というのがここでの解釈である。このように考えてみれば、デイヴィドソンを解釈するときにダメットがやっていたことのポイントが明らかになる。実際、「「モーゼ」はモーゼを指示する」という公理を立てるために、証拠にもとづく経験的テストを積み重ねていく中で、モーゼについての言明が数多く収集され、解釈者は、その言語の話者たちがその大多数を一致して真だとみなしていることを把握する。この把握を通して、解釈者は「モーゼ」という語を適切な文脈で適切な仕方で使うことができるようになる。つまり、彼は語「モーゼ」をちゃんと使えるのである。そしてこの事実によって、「「モーゼ」はモーゼを指示する」の内容の把握が表示されるとともに、モーゼとその指示対象との間のリンクが確保される。

このアイデアをもう少し丁寧に展開してみよう。(24) いま、次のような二つの説明が与えられたとする。

（1）「赤い」を理解するために、話者は、「赤い」が赤い対象に、そしてそれらのみに適用されるということを知らなければならない。

（2）話者は、適切な条件のもとで、指示された対象が赤いか赤くないかに応じて、「これは赤い」を受け入れたり、拒否したりする。

ぼんやりと見比べても、どこに重要な違いがあるかはわかりにくいかもしれない。ポイントは二つある。一つは、（ひどく単純化されているとはいえ）（1）の説明が概念の適用条件の説明であるのに対して、（2）の方は、話者の能力を特定するような説明になっている、ということである。二つ目に、より重要なこととして、（1）では、「知る know that」のスコープ内に「赤い」が入っているが、（2）ではそのようなことは起こっていない、という点に注意しよう。「知る」という命題態度のスコープに「赤い」が入っているということは、「赤い」の把握があらかじめ話者に帰属させられていることを意味する。[25] そのいみで、（1）のような説明を含む意味理論は、話者と当の概念との間のリンクを仮定しているといういみで「つつましい理論」なのである。他方、徹底した理論においても、当然のことながら、理論の記述においては「赤い」という概念を使わざるをえない。だが、そこでは、概念の把握や概念の所有のような、話者と概念の間のリンクを想定するような観念は一切用いられていない。というのも、理論構成にあたって、そこで使われているのは（2）タイプの説明だけだからである。

ダメットの徹底性という考え方について、以上のような読み方が正当であるとすれば、マクダウェルが批判し、ダメットが誤解を招くような仕方で導入した「新たな概念をあらかじめもっていない人にそれらの概念を説明するのに役立つ」べしという要請は、意味理論が「徹底した理論」であるために必要な要請ではなかった[26]。そして、意味理論の徹底性についてこのような解釈が排除されるならば、徹底性として残るものは、結局のところ、表出の要求を満たすべしという要請にほかならなず、そのいみで、ダメットの反実在論は一貫した構造をもっているのである。

5 終わりに

本書では、ダメットの哲学的バックグラウンドから始めて、実在論と反実在論の間の論争に関するダメット独自の捉え方、そして実在論を退け、反実在論を採用すべきであるとする彼の反実在論論証をかなり克明にたどってきた。しかし、ダメット哲学の全体は、ここで論じられた話題につきるものでは全然ない（FPL の厚さを考えただけでもそれはわかる）。反実在論にしても、ここで考えられたのは数学の文脈にかぎった反実在論の可能性だけであって、他の文脈においてそれがどういう可能性をもつかというところまでは話は及ばなかった。というか、紙数の関係からそうした話題はあらかじめ排除しておいたのである。現在、ダメットの反実在論については、多くの論者が、数学の文脈における彼の議論の効力を大筋で承認しながら、他の文脈ではそれを批判する、という状況を考えるならば、この選択は片手落ちだとみなされるかもしれない。けれども、ダメットの反実在論がもっとも簡明な形をもち、彼の叙述がもっとも生彩を放っているのは、数学の文脈であり、そもそもここでの議論がまともに構成できないかぎり、他の領域での説得力は望むべくもない。その意味で、数学におけるダメット的反実在論をできるかぎりストレートな形で提示することが本書での課題であった。

それでも、実際の叙述は相当に入り組んだものと感じられるかもしれない。その責任の一端はもちろん筆者にあるのだが、それを棚上げにして言えば、議論が錯綜する主要な理由は、ダメットの改訂主義にある。ダメットは、論理を含むわれわれの言語実践の改訂可能性を論証しなければならなかった。実在についての描像の改訂は、そうした言語実践の改訂に付随するのであって、その逆ではない。だから、反実在論という構想そのものに先行して、実践の改訂可能性が論じられなければならなかったのである。さらに、そうした改訂が、言語外部からの何らかのインパクトによって引き起こされ、改訂の結末が、科学における理論の変化のように、歴史的な叙述として語れるならば、それはそれですばらしいアイデアだと思うが、改訂可能性を「論ずる」ことそのものには大きな困難はない。しかし、ダメットがやろうとしていることは、言語実践の改訂可能性を言語実践の内部にあって描くことなのである。

そんなことはほとんど不可能なのではないか。多くの人がそう感じ、ダメットの構想の欠陥を暴こうと躍起になってきた。ダメットに対する批判が膨大なのも、このへんに理由があるのではないかと思われる。しかし、ダメットの構想そのものがこうした論争の中でまったく無傷であったわけではないが、それでもともかく彼の構想は半世紀にわたって命脈を保ってきたのである。本書が目論んだのは、そうした、改訂主義から反実在論へという彼の構想を可能な限り整合的に描写することであった。現在、反実在論をめぐる論争は、ダメットの後を継いだ第二世代、ライトやテナントのような人たちに受け継がれている。しかし、彼らの議論がダメットの議論よりも緻密になっていることは認めるにしても、やっている議論がいささか小手先芸めいて見えるのは、ダメットの改訂主義が提起する問題をしっかり受け継いでいないからではないのだろうか。その意味で、ダメットのオリジナルな議論にたどりつくことは、それ自体、いまなお意義を失ってはいないように思われる。

注

序論

（1） Frege［1918］、邦訳 pp. 215–16.

（2） ここで、実在論に対立する立場が観念論ではなく、「反実在論」となっている理由については第4章を参照してもらいたい。とりあえず、観念論は反実在論の一種だが、反実在論イコール観念論というわけではないと考えておこう。実際には観念論と反実在論の関係はもっと錯綜している。この点については、例えばMiller［2003］を参照されたい。

（3） われわれの言語活動では、論理的な推論活動は些細な役割しか果たしていない、と考える人は、例えばQuine［1953］、邦訳「経験主義の二つのドグマ」を参照されたい。

（4） もちろんこれら三冊のフレーゲ本にも、実在論・反実在論にかかわる膨大な論述がある。

（5） 例えば、ダメットの意味理論についての議論には、直観主義論理を含む非古典論理の研究の発展が明らかにしてきた事実を踏まえた議論が含まれているが、そうした事実を踏まえない反論がけっこうある。

（6） ウィトゲンシュタインはどうしたという声が聞こえてきそうである。もちろんウィトゲンシュタインもダメットの最重要な背景であることはまちがいない。そして本書を読み進めていってもらえばわかるように、ダメットはウィトゲンシュタインの影響をモロに被っている。しかし、ウィトゲンシュタインのどういう考えにどういう形で影響を受けたのかをはっきり特定するのは難しいのである。

第一章

（1） Dummett［1993］, p. 463.

（2） こうした抽象的なものは、さらに、空集合のような純粋に抽象的なものと、テーブルの上の三つのリンゴからなる集合のように、その構成メンバーは具体物だが、それらをまとめて集合のように抽象化されたものとに区別されることもあるが、ここではそうした区別は無視することにする。

(3) 数や集合のようなものは存在せず、在るのは数字や記号だけだと主張する人々や、数学は記号のゲームだと主張する人々もいる。このような立場が維持しがたい立場であることを示す徹底した議論については、Frege [1903] を参照されたい。しかし、このような単純な記号主義（あるいは古い形式主義）と、もっと洗練された展開型としての（ヒルベルト的）形式主義とは明確に区別されなくてはならない。

(4) Dummett [1967], p. 212.

(5) Dummett [1967], pp. 203–4.

(6) Dummett [1967], p. 204.

(7) Dummett [1967], p. 204.

(8) ここでダメットが念頭においているのは、ヒルベルトの形式主義である。ダメットがそれを「扱いやすい」と呼ぶのは、ヒルベルトの立場が形式体系に対する正当化の要求をまっとうな要求として受け入れるからである。この点については、Dummett [1973b] pp. 219–220, 邦訳, pp. 219–220. を参照されたい。

(9) これに続けて、ダメットは三つの各手続きを次のように説明している（Dummett [1967], p. 207)。第一に、有限回の（有限的）演算のもとで、有限集合の閉包をとることによって形成される可付番の総体、第二に、可付番集合のベキ集合、そして最後に、与えられた集合のあらゆる整列からなる順序タイプをとる演算と、そのメンバーがすでに与えられている所与の順序タイプの列の極限をとる演算のもとでの、順序数の総体。

(10) Dummett [1967], p. 208.

(11) ダメットの解釈によれば、それは、『算術の基礎』の時期、『算術の基本法則』の時期、そして「思想」における世界3の導入期の三期に分けられる。

(12) ここで言われているのは、もちろん、文を一つだけとってきて、その文での当該の語の役割を分析すればそれで十分だということではない。別の文では、その語は別の機能を果たしているかもしれないからである。要するに、この場面で使われている文脈原理のポイントは、分析の最小単位が一つの文だ、ということにほかならない。なぜなら、文こそが、現実の言語使用の最小単位だからである。

(13) フレーゲは、現在の意味での固有名と確定記述の双方を含めて「固有名」という語を使っている。したがって、正確には、それは単称名辞と呼ばれるべきなのだが、ここでは固有名と単称名辞とを交換可能な仕方で併用する。

(14) この言い回しは、Rickett［1986］による。

(15) FPL, ch. 4.

(16) このあたりの事情は、論理学そのもののあり方に似ているかもしれない。論理学が成立するには、あらかじめわれわれが一定の推論活動に従事しており、しかも、推論の妥当性を直観的なレベルで把握していることが前提となるからである。論理学は、そうした所与のデータをもとにして、直観的なレベルで把握された妥当性を、そのメカニズムがあらわになるような形で定式化することに関わっている。

(17) FPL, p. 59.

(18) FPL, pp. 59–60.

(19) さらに、このような困難に加えて、「あるもの(something)」のような語には、一階の使用、つまり一階の述語論理で言うところの対象領域内の対象を表すケースと、二階以上の、性質や関係を表す使い方とがあり、ある推論におけるその表現がどちらのケースにおいて使われているのかを判別しなければならないという問題もある。これについても、ダメットは対処法を案出しているが、ここでは、その問題はスキップしたい。

(20) FPL, pp. 63–65.

(21) FPL, p. 64.

(22) Frege［1884］, p. 73. 邦訳, p. 121.

(23) このあたりの事情については、三平［2005］を参照。

(24) 現代の公理的集合論では、ラッセルのパラドクスを避けるために、もう少し制約条件がつく。

(25) FPL, p. 498.［ ］内は引用者。

(26) ただし、実際には、フレーゲは（2）のような基数演算子についての文脈的定義には不備があるとして、これを放棄し、概念の外延による明示的な定義を採用するのであるから、この解答は、いま仮にそうした路線変更はなかったものとした上での解答だ、ということに留意しておく必要がある。

(27) OAP, ch. 2.

(28) 例えば、「この部屋で一番背の高い人」という指定の仕方は、その指定された人物を含むその部屋の人間全体への言及を含んでいる。この場合の非述語性には何の問題もない。しかし、あるかないかが疑わしいもの（例えば、数）を定義するときに、その疑わしきものを含む全体に言及することには、様々な異論がある。

(29) すでに見たように、ヒュームの原理は、数名辞が登場するあらゆる文の真偽を決定するための手続きを与えなくてはならないが、この原理では「Fの数＝Gの数」のようなタイプの真理条件を確定することはできるものの、「Fの数＝α」のような、等号の右辺に数名辞ではない表現が出現するタイプの文の真理条件は確定できない、という問題である。フレーゲが取り上げた例が、「Fの数＝ジュリアス・シーザー」であったためにこう呼ばれている。

(30) この点についてのダメットの見解については Dummett [1994] を、他の論者たちによる展開・批判については Brandl and Sullivan [1994] にあるいくつかの論文を参照。

(31) Dummett [1967], p. 213.

第二章

(1) 数学における言語のあり方に対するブラウワーの批判については、Kaneko [2003] を参照。

(2) 例えば、クロネッカーや、（とてもおもしろい命名なのだが）フランス経験主義（ブラウワーが前-直観主義と呼ぶ人々）のポアンカレ、ボレル、ルベーグといった名をあげることができる。ただし、これらの人々が古典数学の何を非構成的と見ていたかについては相当な違いがあり、一括して構成主義と呼ぶことは、そうした違いを曖昧にしてしまうおそれがある。ポアンカレを、ブラウワー哲学の先駆とする見方については、Detlefsen [1990] を参照。

(3) ブラウワーの生涯や業績の概要については、van Stigt [1990] および van Dalen [1999] が有用である。

(4) Brouwer [1951], pp. 4–5.

(5) Brouwer [1907], p. 61.

(6) Brouwer [1948], p. 488.

(7) Brouwer [1952], p. 509.

(8) もう一つの可能性は、こうである。ブラウワーは体験のもつ個人的背景やプロセスが失われることを極度に警戒していた。ということは、そうした背景やプロセスに何らかの意義を認めていたということになる。では、その意義とは何か。それを明確な認知的タームで語るのは難しいが、一つの可能な解釈は、その意義が体験内容のおかれるべき文脈ないしパースペクティヴの保存にある、というものである。われわれは、ある一定の前提から推論を開始し、ある定理に到達したところで、その推論を終える。論理的推論はそうしたプロセスを完全に平板化してしまい、なぜ当の前提から始め、当の定理で終了しなければならないかについては何も答えてはくれない。しかし実際にその定理を証明しようとする数学者は、その前提と定理との間に、論理的推論連鎖とは異なる何らかのつながりを見ているのでなければならないはずである。そうしたつながりを数学的文脈とか数学的パースペクティヴという言葉で言い表すのはそれほど奇異なことではない。そして、ブラウワーはそのような文脈性やパースペクティヴの保存を重視していたのであり、彼の言語に対する警戒は、言語がそうした文脈性には顧慮することなく体験の内容そのものを文脈から独立させてしまうことに対する警戒だったと見ることもできる。

(9) ここで言う「証明プロセス」の「証明」は、ブラウワーにおいては形式体系での証明を意味するわけではないことに注意。

(10) 実際には、ブラウワーは言語的コミュニケーションを完全に否定しているようには思われない。これは、彼が不徹底だったという意味ではない。私の仮説では、ブラウワーは言語について二つの根本的に異なる捉え方をもっており、その一方におけるコミュニケーション可能性を否定しているだけなのである。これについてはKaneko［2003］を参照。

(11) 直観主義の受容、直観主義論理の形成史については、Hesseling［2003］が資料的に大変詳しい。また、Franchella［1994］も参照。

(12) ここで三段論法と言われているのは、$\forall x(Fx \rightarrow Gx),\ \forall x(Gx \rightarrow Hx) \vdash \forall x(Fx \rightarrow Hx)$ というパターンの推論であり、矛盾律は$\neg(A \wedge \neg A)$である。

(13) 直観主義では、あからさまな矛盾、例えば'$0=1$'を導入して、'A'の否定（$\neg A$）を'$A \rightarrow 0=1$'のように表現することができる。あるいは、矛盾一般を表す記号'⊥'を導入するならば、'¬A'は'A→⊥'とすることができる。それゆえ、'¬¬∃xFx'は、「'¬∃xFx'、すなわちFであるものは存在しない、という仮定から矛盾が生ずる」と読むことができる。

(14) この名称はBrouwer-Heyting-Kolmogorovからきている。

(15) Heyting [1956], p. 102.

(16) Heyting [1958], p. 107.

(17) したがって、このことから、直観主義における真理概念は時制をもつ、ということが帰結する。この時制つき真理というアイデアは、後に「創造主体の理論」、およびKripke schemeに基づく理論へと展開していくのだが、ここではこの話題には立ち入らない。

(18) ここで、⊥は、矛盾を表す記号である。注の(13)を参照。

(19) これは、直観主義論理の完全性が証明できない、ということではない。

(20) 非述語性については、第一章第3節を参照。

(21) こうした非述語性は、¬と∀についても生ずる。BHK解釈のこの非述語性をどう処理するかについてのダメットの構想については本書で触れることはできない。EIの7・2節を参照。

(22) ブラウワーが論理結合子の解釈について何かを言うとはとても思えないが、かりにそうしたとしての話である。

(23) 一方が皮相で、もう一方がディープだという評価を後にダメットは取り下げている。けれども、議論それ自体を彼はキャンセルしているわけではない。Dummett [1959a] についての補遺TOE, p. 23. を参照。

(24) Dummett [1959a], p. 8., 邦訳, p. 14.

(25) Dummett [1959], p. 11., 邦訳, p. 19.

(26) 言明を発話することの「ポイント」あるいは発話の眼目という概念は、ダメットの意味理論ではとても重要な概念である。ダメットは、真理という意味論的概念がもともとは言語使用のレベルにおける主張の「正しさ」という観念に由来すると考えており、したがって、真理概念の一部分として「真であることを目指して主張を行う」ということが含まれていると主張する。言い換えれば、まさにそれが見込まれ、目指されているということが「真理」のポイントないし眼目である。このポイントを捉え損なっているということをもって、ダメットは、真理の性質がT−図式（'s' is true iff P）につきるとする立場を批判する。また、真理とゲームにおける「勝ち」との比較も、この批判の内容を明らかにするための比喩である。

(27) Dummett [1959], p. 11 邦訳, p. 20.

(28) Dummett [1959], p. 14 邦訳, pp. 24–25.

(29) ダメットは後にこの役割を ingredient sense と呼んでいる。LBM, p. 48 を参照。

(30) この点は、もう少し説明が必要かもしれない。指示対象をもたない単称名辞を含む言明のケースでは、それらの言明について二値原理が成立しそうもないという事実がまずあって、その事実を説明できるようにするために、三値論理なり何なりが提案される、という筋道をたどっている。これに対し、直観主義論理では、まずわれわれの言語実践を適切に捉えることから始まり、適切な実践解釈からの帰結として、二値原理の拒否が導かれる、という筋道をたどっているのである。直観主義の場合には、二値原理の拒否が最初から前提におかれているわけではない。

第三章

(1) ダメットはさらに、第三のレベルでの正当化として、「いかにしてそもそも演繹的推論が可能なのか」を説明するという課題をあげている。これは、演繹的推論の妥当性と有用性をいかに調停し説明するかという課題であるが、ここではこのレベルの正当化には関わらない。Dummett [1973a], p. 297., 邦訳, p. 279. 以下を参照。

(2) Dummett [1973a], pp. 295–297., 邦訳, pp. 276–7.

(3) Dummett [1973a], p. 296., 邦訳, pp. 276–277.

(4) この点、特にダメットの議論の全体的構想と演繹の正当化をめぐる議論との関連については、Green [2001], p. 60. によって気づかされた。

(5) Quine [1953].

(6) とはいえ、このようなダメットの観点は、哲学において問われるべき事柄を最初から排除してしまうことなのではないか。ダメットのタームを使って言うならば、問題は「説明の文脈」の側にではなく、むしろ「説得の文脈」の方にこそあるのであって、だからこそ循環を回避するために、合理性中立的な概念による分析が必要なのではないのか。そのような疑問が生じるかもしれない。ダメットはそういう疑問を意識しており、以下で述べられることはそれへの解答だと見ることもできる。

(7) LBM, p. 204.

(8) これに疑問を抱く人は次の段落を参照。

(9) LBM, p. 204.

(10) 例えば、LBM, p. 193.

(11) Dummett [1973], p. 218., 邦訳, p. 217.

(12) LBM, p. 222. ダメットが取り上げているのは、ドミノだが、あまりなじみがないので例は変えている。

(13) Dummett [1973a], p. 302., 邦訳, p. 288.

(14) 部分式というのは、論理式を形成規則に基づいて逆に分解していったときの各パーツである。ただし、部分式には当の論理式それ自身も含まれる。

(15) Dummett [1973a], p. 304. 邦訳, p. 291.

(16) Dummett [1973b], p. 216., 邦訳, p. 214.

(17) ダメットの考えでは、これらの相違は基本的には同じ事象の異なる現れにほかならない。というのも、特定の論理学の体系においては、直接的手段と間接的手段との間に齟齬がないことと、(論理結合子の例で) 導入則と除去則の間に調和があることとの間にはきわめて密接な関係があるからである。プラヴィッツの解釈によれば、言明を確立する直接的な手段と間接的な手段の区別が生ずるのは、いわゆる全体論ではなく、特権的な言明と特権的でない言明の区別を許すようなモデファイされた全体論 (数学の場合には、ヒルベルトの形式主義) においてであって、分子論的な理論では、それが一般化されて導入則と除去則のような区別になる、とされている。これはこれですっきりとした解釈であるが、ダメット自身は、分子論では直接的な手段と間接的な手段の区別がなくなるとは言っていない。詳しくは Prawitz [1977] を参照。

(18) しかし、ダメットは使用の異なる相を説明するのに、クワインの言語モデルに訴えているのではないか。そしてクワインの言語モデルはまさしく全体論の典型なのではないか。こういう疑問が生ずるかもしれない。これに対しては、いくつかの答え方がありうる。第一に、クワインの言語モデルは、それ自体が意味理論として意図されたものではない、ということがある。第二に、ダメットは、クワインのモデルのうちに、言明どうしが互いに interconnected されているという洞察と全体論という洞察の二つを見てとり、これらの洞察が互いに独立だと考えている。だから、ダメットが上で言及しているのは前者の洞察だけだと考えることができる。第三に、かりにクワインのモデルに基づいた意味理論を考えたとしても、そこで複数の相の存在を指摘することはできるが、それらの相を個別的に切り出すことはできないと考えられる（少なくとも全体論を前提にするときには)。

(19) 例えば、主なところでも、WTM (I), pp. 16–17, pp. 25–33, WTM (II), p. 44, p. 66, LBM, ch. 10 全体、Dummett [1973a] および Dummett [1973b] のいたるところ、FPL, pp. 599–600. もちろんこれで全部というわけではない。

(20) LBM, pp. 221–225.

(21) LBM, p. 222.

(22) ここで、通常ならば、他の文への依存関係は半順序をなすと考えたくなるが、例えば、基本的な色語のように、互いに依存しあって同時に習得されるしかないようなケースを考慮すれば、半順序関係は成立しなくなる。この点については、LBM, p. 223. を参照されたい。

(23) ダメットの議論にはこの前提を正当化する議論も含まれているが、ここでは触れない。

(24) ダメットは、これに似た議論を WTM (I), pp. 16–17. でも行っている。そこでは、compositionality への言及はないが、デイヴィドソンの意味理論が真理理論の形式を用いることによって、一見すると個々の語や文の内容表示を可能とするような外観を与えているが、それは見かけにすぎず、彼の意味理論が基本的に非体系的なもの、すなわち、合成原理に基づく意味理解の体系的表示をもたない理論にならざるをえないということが論じられている。

(25) pp. 598–599.

(26) この点については Weiss [2004], pp. 41–45. が比較的わかりやすい説明を提示している。

(27) このような語り方に対して、まさにそのような仮定に絶えず依存しながらコミュニケーションは成立するというのが、コミュニケーションの実相ではないか。こういう応答が返ってくるかもしれない。つまり、われわれは、ある言明について不一致が生じたとき、相手がその言明に付与する真理値を額面どおりに受け止め、(そうでないことが判明するまでは)その不一致を単なる言語的な不一致とはみなさない、と仮定する。そういう仮定に依拠してわれわれはコミュニケーションを行っているのではないか。

けれども、ここで言われている、相手の言明の真理値をとりあえず額面どおりに受け入れるという仮定と、全体論を前提にしたときの(言語の残りの部分に関する)仮定とは同じではない。どちらも、コミュニケーションが依存する仮定であり、後で覆される可能性があるという点で、似たような仮定とみなされるかもしれないが、それは違うとダメットは言う。

(28) ここでは、二人の話者の間のコミュニケーションを問題にしているのだから、それぞれの話者の信念体系を全体論的理論と呼んでいる。

(29) ダメットはここでは基本的にクワインの全体論を相手にしており、クワインの全体論がコミュニケーションの説明をねらったものではないことにももちろん気づいている。しかし議論の構造そのものは一般的であって、ここでの全体論批判は(場合によって必要な変更を加えれば)他のケースにも充分通用すると思われる。

(30) Dummett [1973b], p. 218., 邦訳, p. 217.

(31) Dummett [1973a], p. 304., 邦訳, pp. 290–91.

(32) 邦訳では「保守的拡張」という訳語が充てられているが、同じである。

(33) 実際にはダメットはこれよりも強い要求を行っている。「理論の助けによって演繹された観察言明には、それに同意することを要求する刺激があって、その刺激をもち得るような状況にわれわれが入り込めるのでなければならない。」

(34) ダメットがこのような議論をするときに、ウィトゲンシュタインの根元的規約主義を意識しているのは明らかである。(なにしろ、ダメット自身がその名づけ親なのだから。Dummett [1959b] を参照。) したがって、当然のことながら、論理実証主義風の限定的規約主義の欠陥にもダメットは気づいている。同時に、彼は、全体論が規範について何か言うとすれば、それが根元的規約主義の形をとるしかないとも考えていると思われる。しかし、ダメットの考えでは、根元的規約主義もまた規範性の説明に失敗しているのである。分子論的言語観のもとでの保存拡大性の要求は、そうした事情を踏まえた上で、規範の説明を与えるものと考えられている。

(35) ダメットの次の発言にも注意されたい。「私は、全体論が言語についての誤った考え方であるかどうか、わからない。むしろ、全体論の受け入れがいかなる体系的な意味理論も不可能だという結論へと導くであろうということ、そして、この結論に抵抗しようとするどんな企ても擬似理論の構成にしか導かれないということを、私は主張しているのである。したがって、私自身の好みは、全体論が偽だということを方法論的原理として仮定することなのである。」(WTM (I), p. 21.)

第四章

(1) Dummett [1973b], p. 228. 邦訳, pp. 232–33.

(2) ここで言う「真理条件」は、通常、古典的な真理条件と呼ばれるもの、すなわち、認識超越的ないし証拠によって一切制約されない真理概念に基づく真理条件である。それがいかなる真理概念であるかについては三段落後で示される。また、真理条件的意味論と実在論の関係については、第3節を参照されたい。

(3) Dummett [1973a], p. 228. 邦訳, p. 233.

(4) そのいみで、数学的言明のクラスも、言語一般に課せられる制約に従うものと考えられている。しかし、このことは、数学的言明のクラスや過去言明のクラスがそのクラスに固有の一定の性格をもつということに必ずしも矛盾するわけではない。

(5) 前節の、改訂主義が維持可能な立場だという議論を別にすれば、である。

(6) ここで議論の本筋にはあまりかかわらないが、一点、確認しておきたいことがある。それは「意味理論の中心概念」という言い方、あるいは「意味理論には何らかの中心概念がなくてはならない」という考え方そのものである。言明の意味を説明する理論に一つの中心的な概念が設定されなければならないというのは、ほとんど自明だと考えられるかもしれない。実際、これまで論じられてきた意味理論はどれも、そのような中心概念として、真理とか、検証とか、あるいは主張可能性といった概念をもっている。しかし、それはそれほど自明なことなのだろうか。意味理論に中心概念がなければならない、あるいは、「文の、ある一つの一般的な相が、中心的なものとして押さえられ」なければならないということの正当化はどのように与えられるのであろうか。一つの見方はこうである。ある言語についての意味理論はその言語の各文について何らかの仕方でその意味表示を生み出せなければならない、としよう。その上で、Aという言明についてはその意味表示がXという相に基づいて与えられ、Bという言明についてはYという別の相に基づいて与えられるとする。では、Cという言明が与えられたときに、その意味表示は言語のどの相に基づいて与えられるのか。もしそれがXという相に基づいてであるとすれば、われわれはそれを何によって把握するのだろうか。もしCの意味表示によってと答えるならば、それは循環である。また、上のAとBのそれぞれに「または」が含まれるとする。すると、「または」の意味は、Aの場合にはXという相への寄与に基づいて与えられ、Bの場合にはYという相への寄与として与えられることになってしまう。その意味で、中心相を一つ設定するという意味理論の手法は簡単には放棄できない。しかしながら、この問題は、ダメットの反実在論ではなく、本書では論じないクリスピン・ライトの反実在論においてはきわめて重要な論点となってくる。Wright［1992］および Lievers［1998］を参照。

（7）これと同様の意味でしばしば「証拠超越的」という語も使用される。こちらの方が「認識超越的」よりも様々な文脈にフィットしやすい傾向もあるが、「証拠」という概念には注意が必要であり、ここではこの語は使用しない。この点については第3節の後半を参照。

（8）Dummett［1963b］, p. 146., 邦訳, p. 95.

（9）もちろん、ダメットはこれらの論争が「完全に」同型だと主張しているわけではない。

（10）この点については、Hale［1997］, p. 274. を参照。

(11) ただし、これらの議論が独立した二つの論証であるという見方は、すべての論者によって受け入れられているわけではない。独立した議論とは認めない立場については、例えばMatar［1997］を参照。

(12) Dummett［［1969］, p. 362., 邦訳, pp. 388–89.

(13) Dummett［1973b］, p. 217, 邦訳, pp. 215–6.

(14) McGinn［1980］, p. 25.

(15) McGinn［1980］, p. 28.

(16) Dummett［1973b］, p. 216. 邦訳, p. 214.

(17) Dummett［1977］, p. 258.

(18) これ以降、繰り返し問題になるのは、言明が実効的に決定可能effectively decidableかどうか、である。特に、数学以外の文脈においてこの概念にどういう実質を与えうるかは、ダメット的反実在論の難問の一つであるが、本書ではこれについて十分立ち入ることはできない。この点について詳しくはShieh［1998b］を参照してもらいたい。いま、注意しておくべきことは、実効的決定可能性は、決定可能性とは同じではないという点である。ある言明は、それが証明されたり検証されたりするとき、決定可能である。だから、実効的に決定可能ではない——その言明の証明を得るための実効的続きがない——にもかかわらず、決定可能な言明は数多くある。反実在論に関する多くの文献で「決定不能」という用語が使われているが、それらはいずれも「実効的に決定可能ではない」の意味である。

(19) Dummett［1973b］, p. 217., 邦訳, p. 215.

(20) Dummett［1973b］, p. 224., 邦訳, p. 226.

(21) われわれは、今度は、その包括的な言語の意味理論を必要とするからである。

(22) Appiah［1986］, p. 80.

(23) EI, p. 261.

(24) McDowell［1981］, pp. 317–321.

(25) McDowell［1981］, p. 317.

(26) ダメットがWTM（II）の6節で考察している意味理論は、実際は二重構造ではなく、核理論（指示の理論）、それを取り巻くシェルとしての意義の理論、そして力の理論の三部門からなっている。しかし、いまマクダウェルが問題にしているのは、核理論と力の理論の関係だけだから、ここでは簡単に二重構造ということにしておく。

(27) マクダウェルは、分割されるものを「内容部分と主張という言語行為的部分」というようにあからさまに語っているわけではない。彼が実際に語っているのは、成分となる心理的状態 component psychological state である。

(28) McDowell [1981], p. 318.

(29) ただし、これは、マクダウェルが実在論にシンパシーを感じているということではない。ダメットの表出論証による実在論論駁がうまくいっていない、というだけのことである。

(30) 「徹底した意味理論」がどのように特徴づけられるかは、次章で明らかになる。ここでの説明はマクダウェルにしたがっている。

(31) マクダウェル自身が「認識論的基礎づけ主義」という語を使用しているわけではない。この用語は Shieh [1998a] による。以下の議論は、この Shieh [1998a] によるところが大きい。

(32) Dummett [1973b], p. 216., 邦訳, p. 215.

(33) Dummett [1975], p. 217., 邦訳, p. 216.

(34) Shieh [1998a], p. 38.

(35) Shieh [1998a], p. 42.

(36) FLP, p. 669.

(37) FLP, p. 614.

(38) EI, p. 261.

(39) FPL, p. 357.

(40) Shieh [1998a] でも、ほぼ似たような結論に至っているが、その議論の過程はここで述べられたのとは異なっている。そこでは、チェスのゲームと「表出の要求」との比喩が綿密に分析され、その分析にもとづいて標準解釈とは異なる解釈が提案されている。

(41) 例えば、LBM, p. 211.

(42) Dummett [1973b], p. 224., 邦訳, p. 227.

(43) Shieh [1998], p. 61.

(44) Dummett [1969], p. 362., 邦訳, pp. 388-89.

第五章

(1) デイヴィドソンの理論について詳しく書かれたよい本はいくつかある。例えば、飯田隆 [2002]、エヴニン『デイヴィドソン』(宮島訳、一九九六年、勁草書房) など。意味の理論にかかわるデイヴィドソンの主要な論文は『真理と解釈についての探求』(野本和幸、植木哲也、金子洋之、高橋要訳、一九九一年、勁草書房）で読むことができる。

（2） フレーゲのSinnとBedeutungは、現在ではそれぞれ「意義」、「意味」と訳されている。しかし、いまの文脈でこの訳語を採用することは混乱をきたす恐れがある、ダメットはこの場面でBedeutungにMeaningではなくreferenceをあてている、等の理由から、Sinnの方はそのまま「意義」と訳し、Bedeutungにあたるreferenceには「指示」という訳語をあてることにした。

（3） WTM (II), p. 40.

（4） WTM (I), p. 3.

（5） Dummett [1973b], p. 217., 邦訳, p. 215.

（6） WTM (I), p. 21.

（7） 本来、この結論に到るための議論は、これほど簡単ではないが、紙数の都合上、丁寧な論証は省かせていただく。もっと立ち入って理解したいという人は飯田隆［2002］を参照してほしい。

（8） しかしながら、以下の議論を理解するために、実際には、デイヴィドソンの理論について前提的な知識は必要ないと思う。

（9） このことから次のような疑問が生じるかもしれない。「徹底した意味理論」にはちゃんと表出の要求が組み込まれ、それを満足するようになっているのだとすれば、その理論はそれだけで反実在論的な理論になるのではないか。もしそうではないとすれば、「徹底した意味理論」に組み込まれるものとしての「表出の要求」と表出論証における「表出の要求」とは同じ要求とは言えないのではないか。しかしながら、デイヴィドソンの理論は、その「徹底性」を、その理論が全体論的であることにも依拠しているのであり、この点を考慮すれば、疑問は解消するはずである。以下の議論を参照。

（10） 文Sの真理条件をSによって与え、語Wの指示や充足条件をW自体を使って定めるような理論。

（11） WTM (I), p. 8., LBM, pp. 69–72.（2）で「命題を知ること」と言われているのは、これまでわれわれが「言明の意味内容の把握」として語ってきたことと同じだと考えてよい。だから、ここでダメットが命題の存在にコミットしているか否か、といった問題にこだわる必要はない。

（12） WTM (I) のappendix, p. 23., LBM, p. 108.

（13） WTM (I), appendix, p. 26., LBM, p. 109.

(14) 例えば、Dummett [1975], WTM (I), appendix, LBM, ch. 5. など。

(15) WTM (II), p. 85.

(16) EI, p. 260.

(17) WTM (I), p. 5.

(18) McDowell [1987].

(19) Wright [1993], p. 22.

(20) McDowell [1987], p. 94.

(21) Dummett [1987], p. 260.

(22) 特に WTM (I) の時期。

(23) LBM, p. 108

(24) 以下の例と説明の方法は、Gaifmann [1996] によっている。p. 388.

(25) もしこの説明がわかりにくければ、Gaifmann [1996] にならって、(1) の説明を、それと同等な、しかしもっと露骨な、次のような形に書き直してみればよい。

(1) 話者は概念、赤い、を把握していなくてはならない。

(2) 話者は、「赤い」がある対象について正しく主張できるのは、それがその概念のもとに帰属するときにかぎられることを知らなくてはならない。

(2) だけでは、「その概念のもとに帰属する」かどうかが判定できないのだから、そうした判定が可能であるために (1) が要請されている。

(26) マクダウェルの批判に対するダメットの直接の応答は、Dummett [1987] にある。それに対するマクダウェルからの再反論は McDowell [1997] である。こちらでの議論を扱うことは、残念ながら本書でカバーできる範囲を超えている。マクダウェルの具体的な批判、特に志向性にかかわる批判と Rule-following にもとづく批判に対するダメット側からの応答と考えられるものについては、Gaifmann [1996], pp. 390–91. を参照されたい。

あとがき

タイトルから推察していただけるように、本書はダメット哲学への入門書である。ただし、ダメット哲学の全体をカバーするものではないし、ゼロからの入門書あるいは手引き書というわけではない。そして、「ダメットにたどりつくまで」と言っておきながら、最初からどっぷりとダメットの議論に漬からなければならないようになっている。これでは看板に偽りありではないかと言われるかもしれないが、必ずしもそうではないと思う。

私としては、もっと多くの人にちゃんとダメットを読んでもらいたいと思っているのだけれども、それにはダメットの議論のおもしろいところまでたどりつかなくてはならない。入り口でもたもたしていては、そこまでなかなかたどりつけないのである。だから、ダメットの本格的な議論にまでさっさと行ってしまった方がよいと考えたのが一つの理由である。もう一つは、ダメットの一つ一つの話がそれほど難しいわけではなく、むしろダメットの読みにくさは、いろいろな箇所で論じられている事柄が互いにどうつながっているのか、そのつながりを見てとることの方にあるように思われた。そしてそのようなつながりは、ダメットのフレーゲ解釈にまで遡った方が見てとりやすい。そう考えて、第一章では、ダメット自身の議論によって反実在論の背景を語らせるという方法をとった。

一方、ダメット的反実在論のインスピレーションの元は、直観主義である。ごく大雑把に言えば、直観主義論理の意味論をウィトゲンシュタインの「意味は使用である」という発想にもとづいて解釈し直し、それにフレーゲの「意義」を結びつけることによって、彼の反実在論は成立している。そのような成立事情を見るために直観主義に言及するだけならば、第二章はもっと短くてもよかったかもしれない。しかし、現在でこそ直観主義の形式体系（直観主義論理やハイティンク算術）は様々なところで利用されているが、直観主義の思想、特にブラウワーの考えが一般に知られているとは言い難い。ブラウワーの哲学は単に排中律を拒否するというだけではないのである。そういう欠落を補うという意味で、本書では直観主義の考え方に少し立ち入ってみることにした。また、ダメットの側からすれば、反実在論の論理として直観主義論理を使うならば、なぜそれが適切であり、なぜ他の三値論理や何かではダメなのかをきちんと議論する必要がある。この点については、第二章第3節で論じたが、それとは別に、ダメットには、反実在論は実効的に決定できない言明の存在を前提にするのだから、三値論理にはならないのだとする議論がある。けれども、こちらの議論を再現するためには、そもそもダメットのundecidabilityがどのような観念なのか（本書ではそれをあたかも明らかであるかのように使用してきたが）を解明するという、かなり大変な作業に取り組む必要があり、本書ではその議論を扱うことはできなかった。気になるという人にはShieh［1998b］を薦めておきたい。第二章に続く三つの章は、ダメットの反実在論を比較的ストレートに再構成する形になっている。

私がダメットの名前を初めて知ったのは、いまから25年くらい前である。卒業論文でフレーゲについて書いたのだが、その口述試験のときに先生の一人が*Frege: Philosophy of Language*をちらつかせながら、「フレーゲについて書こうというのだから、この本ぐらいは読んでいるんだろうね」という趣旨のことを、いかにも読んでいないだろうというニュアンスで言われたのを覚えている。もちろん、そのときには読んでいなかった。ダメットを読み始めたのはその後からである。最初にハマったのはなんと言っても「直観主義論理の哲学的基底」であった。それからしばらくしてマーティン・レーフの「直観主義タイプ理論」という論文を読んで、この二つの論文の間には何かつながりがあると感じたのを覚えている。たぶん、そのとき感じたのは、いまでは「証明論的意味論」と呼ばれているものに近い何かであったのかもしれない。だから、本書の最初の構想では、最後の章は「証明論的意味論」の章で終わるはずであった。しかし、実際に書いてみて、なかなかそこまでは簡単に到達できないことがわかった。先は長いということである。

最後に謝辞を少々。本書を書くチャンスを下さったのは勁草書房編集部の富岡勝氏である。心から感謝申し上げる。しかも富岡氏は、私の研究室を訪ねてこられたときにはすでに「ダメットにたどりつくまで」というタイトルまで用意してあった。このタイトルには何か地べたを這うような感じがあって、とても気に入っている。たぶん、氏の意向としては、もう少し入門的な本を書いてもらいたいということがあったのではないかと推察されるが、弁解は先に述べた通りである。また、ここ二年ほどダメットおよびその関連文献を読むのにつきあわされた専修大学大学院、法政大学大学院の院生諸氏、本書の一部を利用した集中講義でいろいろと疑問・批判を出してくださった神戸大学文学部の学生・院生諸氏に感謝したい。岩本敦氏、岡本賢吾氏、小島明彦氏、遠山茂朗氏、豊島徹氏、山田竹志氏には、本書の一部もしくは全部を読んでいただき、様々なコメントをいただいた。また、大庭健氏には、ダメットについての私の議論につきあってもらった上に、本書の構成についてもアドバイスをいただいた。これらの人々に深く感謝申し上げる。

二〇〇六年一月

金子洋之

索　引

あ 行

か 行

さ　行

た　行

文　献

本書では，ダメットの著作および論文集については，すべて略号で，また論文についてはDummett［1973a］のような形式で言及する．また，論文のページへの言及は，論文集に所収のものはすべて論文集でのページになっている．

ダメットの著書・論文集

［FPL］*Frege: Philosophy of Language*, 1973, London, Duckworth.

［EI］*Elements of Intuitionism*, 1977, Oxford, Oxford Univ. Press., 2nd edition, 2000.

［TOE］*Truth and Other Enigmas*, 1978, London, Duckworth, 藤田晋吾訳『真理という謎』1986年，勁草書房．

［IFP］*The Interpretation of Frege's Philosophy*, 1981, London, Duckworth.

［FOP］*Frege and Other Philosophers*, 1991, Oxford, Clarendon Press.

［FPM］*Frege: Philosophy of Mathematics*, 1991, London, Duckworth.

［LBM］*Logical Basis of Metaphysics*, 1991, Cambridge, Mass., Harverd Univ. Press.

［OAP］*Origins of Analytical Philosophy*, 1993, London, Duckworth. 野本和幸他訳『分析哲学の起源』勁草書房.

［SOL］*Seas of Language*, 1993, Oxford, Oxford Univ. Press.

［TP］*Truth and The Past*, 2004, New York, Columbia Univ. Press. 藤田晋吾・中村正利訳『真理と過去』2004年，勁草書房.

ダメットの論文

［1959a］Truth. *Proceedings of the Aristotelian Society* 59 : 141–62. Reprinted, with postscript, in ［TOE］, pp. 1–24. 邦訳「真理」(『真理という謎』所収，pp. 1–43.)

［1959b］Wittgenstein's Philosophy of Mathematics. *Philosophical Re-*

view 68: 324–48, reprinted in [TOE], pp. 166–85. 邦訳「ウィトゲンシュタインの数学の哲学」(『真理という謎』所収, pp. 128–163.)

[1963a] The Philosophical Significance of Gödel's Theorem. *Ratio* 5: 140–55, reprinted in [TOE], pp. 186–201. 邦訳「ゲーデルの定理の哲学的意義」(『真理という謎』所収, pp. 164–189.)

[1963b] Realism. in [TOE], 邦訳「実在論」(『真理という謎』所収, pp. 93–127.)

[1967] Platonism. in [TOE], 邦訳「プラトニズム」(『真理という謎』所収, pp. 190–211.)

[1969] The Reality of the Past. *Philosophical Review* 78: 239–58, reprinted in [TOE], pp. 358–74. 邦訳「過去の実在」(『真理という謎』所収, pp. 382–410.)

[1973a] The Justification of Deduction. *Proceedings of the British Academy* Vol. LIX: pp. 201–31, reprinted in [TOE], pp. 290–318. 邦訳「演繹の正当化」(『真理という謎』所収, pp. 267–314.)

[1973b] The Philosophical Basis of Intuitionistic Logic. in *Logic Collquium* '73, ed. H. E. Rose and J. C. Shepherdson, Amsterdam: North Holland, pp. 5–40, reprinted in [TOE], pp. 215–47. 邦訳「直観主義論理の哲学的基底」(『真理という謎』所収, pp. 212–266.)

[1975a] Frege's Distinction Between Sense and Reference. in [TOE], pp. 116–44. originally published in Spanish, 1975.

[WTM (I)] What is a Theory of Meaning? In *Mind and Language*, ed. S. Guttenplan, Oxford: Oxford Univ. Press, pp. 97–138, reprinted in [SOL], pp. 1–33.

[WTM (II)] What is a Theory of Meaning? (II) In *Truth and Meaning*, ed. G. Evans and J. McDowell, Oxford: Clarendon Press, pp. 67–137, reprinted in [SOL], pp. 34–93.

[1978] What do I Know when I Know a Language? the Centenary Celebrations, Stockholm University, 24 May 1978, reprinted in [SOL], pp. 94–105.

[1979] What does the Appeal to Use Do for the Theory of Meaning. In *Meaning and Use*, ed. A. Margalit, Dordrecht: Reidel, pp. 123–35, reprinted in [SOL], pp. 106–16.

[1982] Realism. *Synthese* 52, pp. 55–112. reprinted in [SOL], pp. 230–

76.
[1993] Realism and Anti-Realism. In [SOL], pp. 462–78.
[1994] What is Mathematics About?　In *Mathematics and Mind*, ed. A. George New York : Oxford Univ. Press, pp. 11–26, also in [SOL], pp. 429–45. 金子洋之訳「数学は何についてのものか」(『現代思想』1997 年 8 月号)

ダメット以外の著者による著作・論文

Appiah, A. [1986] *For Truth in Semantics*, Oxford: Blackwell.
Brandl, J. L. and Sullivan, P. (eds.) [1998] *New Essays on the Philosophy of Michael Dummett*, Rodopi.
Brouwer, L. E. J. [1907] On the foundations of mathematics. in Brouwer [1975], 1–101.
── [1948] Conciousness, Philosophy and Mathematics. in Brouwer [1975], 480–494.
── [1951] *Brouwer's Cambridge Lectures on Intuitionism*, ed. van Dalen, Cambrdge, Cambridge Univesity Press.
── [1952] Historical Background, Principles and Methods of Intuitionism. in Brouwer [1975], 508–15.
── [1975] *Collected Works*, vol.1 A. Heyting (ed.), North-Holland.
van Dalen, D. [1999] *Mystic, Geometer, and Intuitionist : The Life of L.E.J.Brouwer*, Oxford, 1999.
Davidson, D. [1985] *Inquiries into Truth and Interpretation*. Oxford : Clarendon Press.
Detlefsen, M. [1990] Brouwerian intuitionism, *Mind*, 99 (369), 501–34.
Devitt, M. [1990] *Realism and Truth*, Oxford: Basil Blackwell.
Frege, G. [1884] *Die Grundlagen der Arithmetik. Eine logisch mathematische Untersuchung über den Begriff der Zahl*. Breslau : Wilhelm Koeber, 野本和幸・土屋俊 (編) フレーゲ著作集 2『算術の基礎』2001 年, 勁草書房.
── [1903] *Grundgesetze der Arithmetik* II, 野本和幸編 フレーゲ著作集 3『算術の基本法則』2000 年, 勁草書房.
── [1918] Die Gedanke—eine logische Untersuchung. *Beitr. zur Phi-*

los. des deutschen Idealismus, 2, S. 58–77., 野本和幸・黒田亘（編）フレーゲ著作集 4『哲学論集』1999 年，勁草書房.

Franchella, M. [1994] Heyting's Contribution to the Change in Research into the Foundations of Mathematics. *History and Philosophy of Logic*, 15, pp. 149–172.

Gaifman, H. [1996] Is The "Bottom-up" Approach from the Theory of Meaning to Metaphysics Possible?. *The Journal of Philosphy* Vol. XCIII, No. 8, August 1996, pp. 373–407.

Gardiner, M. Q. [2000] *Semantic Challenges to Realism: Dummett and Putnum*, Toront: University of Toront Press.

Green, K. [2001] *Dummett : Philosophy of Language*, Cambridge : Polity Press.

Gunson, D. [1998] *Michael Dummett and the Theory of Meaning*, Ashgate.

Hale, B. [1997] Realism and its Oppositions. in Hale and Wright [1997], pp. 271–308.

Hale, B. and Wright, C. (eds.) [1997] *A Companion to the Philosophy of Language*, Oxford: Blackwell.

Hale, B. and Wright, C. [2001] *The Reason's Proper Study*, Oxford: Oxford Univ. Press.

Heck, Jr, R. (ed.) [1997] *Language, Thought and Logic: Essays in Horner of Michael Dummett*, Oxford: Oxford Univ. Press.

Hesseling, D. E. [2000] *Gnomes in Fog: The Reception of Brouwer's Intuitionism in the 1920s*, Birkhäuser.

Heyting, A. [1956] *Intuitionsim: An Introduction*, Amsterdam: North Holland.

飯田 隆 [2002]『言語哲学大全Ⅳ』, 勁草書房.

飯田 隆（編）[2005]『論理の哲学』, 講談社選書メチエ 341.

Kaneko, H. [2002] Brouwer's conception of language, mind and mathematics, in *The Annals of the Japan Association for Philosophy of Science*, vol. 11, No. 1, November, 2002, pp. 35–49.

Lievers, M. [1998] Two Versions of the Manifestation Argument. *Synthese* 115 pp. 199–227.

Matar, A. [1997] *From Dummett's Philosophical Perspective*, Berlin :

de Gruyter.
McDowell, J. [1981] Anti-Realism and the Epistemology of Understanding. in *Meaning and Understanding*, Parret, H. and Bouveresse, J. (eds.) Berlin : de Gruyter, also reprinted in McDowell [1998] pp. 314–43.
— [1987] In Defence of Modesty. in Taylor [1987], reprinted in McDowell [1998] pp. 87–107.
— [1997] Another Plea for Modesty. in Heck, Jr. [1997], reprinted in McDowell [1998] pp. 108–31.
— [1998] *Meaning, Knowledge, & Reality*, Cambridge : Harverd Univ. Press.
McGinn, C. [1980] Truth and Use, in *Reference, Truth and Reality*, Mark Platts (ed.), London: Rautledge & Kegan Paul.
McGuinness, B. and Oliveri, G. (eds.) [1994] *The Philosophy of Michael Dummett*, Dordrecht: Kluwer.
Miller, A. [2003] The Significance of Semantic Realism. *Synthese* 136. pp. 191–217.
Prawitz, D. [1977] Meaing and Proofs: On the Conflict between Classical and Intuitionistic Logic. *Theoria* 43, pp. 2–40.
Quine, W. v. O. [1953] Two Dogmas of Empiricism, in *From a Logical Point of View*, Cambridge, Mass : Harverd University Press. 邦訳「経験主義の二つのドグマ」(飯田隆訳『論理的観点から』勁草書房, 所収)
Ricketts, T. [1986] Objectivity and Objectfood: Frege's Metaphysics of Judgement. in Haaparanta and Hintikka (ed.), *Frege Synthesized*, Dordrecht: Reidel.
三平正明 [2005]「論理主義の現在」, 飯田 [2005] 所収.
Shieh, S. [1998a] On the Conceptual Foundations of Anti-realism. in *Synthese* 115, pp. 33–70.
Shieh, S [1998b] Undecidability in Anti-Realism. *Philosophia Mathematica* Vol. 6, No. 3, pp. 324–333.
van Stigt, W. P. [1990] *Brouwer's Intuitionism*, North-Holland.
Taylor, B. (ed.) [1987] *Michael Dummett : Contributions to Philosophy*, Martinus Nijhoff.

Weiss, B. [2002] *Michael Dummett*, Acumen.
Wright, C. [1987] *Realism, Meaning and Truth*, Oxford : Basil Blackwell.
—— [1992] *Truth and Objectivity*, Cambridge : Harverd University Press.

付録 1—直観主義（命題）論理の公理系

以下の公理系は、ハイティンクが 'Die formalen Regeln der intuitionistischen Logik,' *Sitzungsberichte der Preussischen Akademie von Wissenschaften, physikalisch-mathematische Klasse*, 1930, pp. 42-56. で提示したものである。この論文の英訳は、Mancosu, P., *From Brouwer To Hilbert*, 1998, Oxford, pp. 311-327. で読むことができる。（記号は現代風に直してある。）

(1) $p \to (p \wedge p)$

(2) $(p \wedge q) \to (q \wedge p)$

(3) $(p \to q) \to ((p \wedge r) \to (q \wedge r))$

(4) $((p \to q) \wedge (q \to r)) \to (p \to q)$

(5) $q \to (p \to q)$

(6) $(p \wedge (p \to q)) \to q$

(7) $p \to (p \vee q)$

(8) $(p \vee q) \to (q \vee p)$

(9) $((p \to r) \wedge (q \to r)) \to ((p \vee q) \to r)$

(10) $\neg p \to (p \to q)$

(11) $((p \to q) \wedge (p \to \neg q)) \to \neg p$

これらの公理に、命題変項への代入規則と推論規則 $p, p \to q \vdash q$ を加えた体系が直観主義命題論理の最初の公理系である。興味深いことに、上記の論文では推論規則（原論文では「操作規則」）として、さらに $p, q \vdash p \wedge q$ が付け加えられている。しかし、その直後に、この $\wedge$-導入に相当する規則は、公理の選び方によって必要なくなるというコメントが適切に付されている。

続いて同年の第二論文 'Die formalen Regeln der intuitionistischen Mathematik,' *Sitzungsberichte der Preussischen Akademie von Wissenschaften, physikalisch-mathematische Klasse*, 1930, pp. 57-71. において、ハイティンクは述語論理の規則を導入した。（以下は Hesseling[2000] からの引用。）

(12) $\forall x F(x) \to F[a/x]$

(13) $\forall x F(x) \to \forall y F[y/x]$

(14) $(\forall y(y = y) \to F[y/x]) \to \forall x F(x)$

(15) $F[a/x] \to \exists x F(x)$

(16) $F(\neg x) \to (\exists x F(x) \to \forall x F(x))$

(17) $\forall x(F(x) \to G(x)) \to (\exists x F(x) \to \exists x G(x))$

現在の表記法とは違っているところがいくつかある。(14) の $\forall y(y = y)$ は、「y が存在する」を意味しており、現在ならば存在述語 E を使って $E(y)$ と書かれるべきものである。また (16) の $F(\neg x)$ は、F が x を含まないということを意味するものと考えられる。

付録 2—直観主義論理の自然演繹体系

直観主義論理の自然演繹体系は以下のような推論規則からなる体系である。

導入則 (Introduction rules)

$$\frac{A \quad B}{A \wedge B}\ (\wedge - \mathrm{I})$$

$$\frac{\begin{array}{c}[A]\\ \vdots\\ B\end{array}}{A \to B}\ (\to -\mathrm{I})$$

$$\frac{A}{A \vee B}\ (\vee - \mathrm{I}_r) \qquad \frac{B}{A \vee B}\ (\vee - \mathrm{I}_l)$$

$$\frac{\varphi(x)}{\forall x \varphi(x)}\ (\forall - \mathrm{I})$$

$$\frac{\varphi(t)}{\exists x \varphi(x)}\ (\exists - \mathrm{I})$$

除去則 (Elimination rules)

$$\frac{A \wedge B}{A}\ (\wedge - \mathrm{E}_r) \qquad \frac{A \wedge B}{B}\ (\wedge - \mathrm{E}_l)$$

$$\frac{A \to B \quad A}{B}\ (\to -\mathrm{E})$$

$$\frac{A \vee B \quad \begin{array}{c}[A]\\ \vdots\\ C\end{array} \quad \begin{array}{c}[A]\\ \vdots\\ C\end{array}}{C}\ (\vee - \mathrm{E})$$

$$\frac{\forall x \varphi(x)}{\varphi[t/x]}\ (\forall - \mathrm{E})$$

$$\frac{\exists x \varphi(x) \qquad \begin{array}{c}[\varphi(x)]\\ \vdots\\ \psi\end{array}}{\psi}\ (\exists - \mathrm{E})$$

以上の 10 個の規則に、次の二つの規則

$$\frac{A \quad \neg A}{\bot}\ (\neg - \mathrm{E}) \qquad \frac{\begin{array}{c}[A]\\ \vdots\\ \bot\end{array}}{\neg A}\ (\neg - \mathrm{I})$$

を加えてできる体系は、最小論理 (minimal logic) と呼ばれる体系である。しかし、以上の規則だけからは、例えば、$\neg P \to (P \to Q)$ や $P \vee Q, \neg P \vdash Q$ は証明できない。そこで、次の規則を付け加える。

$$\frac{\bot}{A}\ (\bot)$$

これは、ここでは $(\bot)$ と呼ばれているが、通常 ex falso sequitur quodlibet と呼ばれる悪名高い規則である[1]。しかし、直観主義論理ではこの規則を採用する。この規則を採用し、例えば $\bot \equiv A \wedge \neg A$ のように定義することにしてやるか、あるいは本文 p. 57 のように $\neg A \equiv A \to \bot$ と定義し、否定の除去則を $(\to -\mathrm{E})$ に還元してしまえば、先の $\neg$ に関する二つの規則は必要ない。したがって、最初に一覧した 10 個の規則に $(\bot)$ をあわせた 11 の規則からなる体系が直観主義論理の自然演繹体系になる。

[1] 悪名が高いのは、この規則が material implication のパラドクスと言われるものの原因をなしているからである。

著者略歴

1956年　小樽市に生まれる
1986年　北海道大学大学院文学研究科博士課程退学
現　在　専修大学文学部教授
著　書　『記号論理入門』(産業図書，1994 年)
論　文　'Undetachability of propositional content and its process of construction —— Another aspect of Brouwer's intuitionism', Annals of the Japan Association for Philosophy of Science, Vol. 14, No. 2, 2006 年ほか

ダメットにたどりつくまで
反実在論とは何か　　双書エニグマ⑩

2006 年 4 月 10 日　第 1 版第 1 刷発行

著　者　金《かね》子《こ》洋《ひろ》之《し》

発行者　井　村　寿　人

発行所　株式会社　勁《けい》草《そう》書　房

112-0005　東京都文京区水道2-1-1　振替　00150-2-175253
(編集) 電話 03-3815-5277／FAX 03-3814-6968
(営業) 電話 03-3814-6861／FAX 03-3814-6854
理想社・青木製本

ダメットにたどりつくまで
反実在論とは何か

2022年9月20日 オンデマンド版発行

著 者 金 子 洋 之

発行者 井 村 寿 人

発行所 株式会社 勁《けい》草《そう》書 房

112-0005 東京都文京区水道 2-1-1 振替 00150-2-175253
（編集）電話 03-3815-5277／FAX 03-3814-6968
（営業）電話 03-3814-6861／FAX 03-3814-6854

印刷・製本 （株）デジタルパブリッシングサービス

AL299

ISBN978-4-326-98509-8 Printed in Japan